本书获得2018年度教育部人文社会科学研究一般项目"资本主体性批判与共产主义价值观问题研究"（18YJC710017）、2020年辽宁省教育厅科学研究经费项目"马克思资本主体性批判理论的逻辑脉络研究"（LN2020J10）、辽宁省教育厅基本科研业务费以及东北财经大学马克思主义学院专项经费资助。

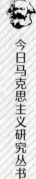

今日马克思主义研究丛书

资本主体性与
共产主义价值观研究

郭晶————著

天津出版传媒集团

天津人民出版社

图书在版编目（CIP）数据

资本主体性与共产主义价值观研究 / 郭晶著.
天津 : 天津人民出版社, 2025. 5. -- （今日马克思主义
研究丛书）. -- ISBN 978-7-201-21134-3

Ⅰ. B0-0

中国国家版本馆 CIP 数据核字第 2025HS9278 号

资本主体性与共产主义价值观研究
ZIBEN ZHUTIXING YU GONGCHANZHUYI JIAZHIGUAN YANJIU

出　　版	天津人民出版社
出 版 人	刘锦泉
地　　址	天津市和平区西康路 35 号康岳大厦
邮政编码	300051
邮购电话	（022）23332469
电子信箱	reader@tjrmcbs.com

策划编辑	郑　玥
责任编辑	佟　鑫
封面设计	李晶晶

印　　刷	天津新华印务有限公司
经　　销	新华书店
开　　本	710 毫米×1000 毫米　1/16
印　　张	9.5
插　　页	2
字　　数	130 千字
版次印次	2025 年 5 月第 1 版　2025 年 5 月第 1 次印刷
定　　价	68.00 元

引　言

　　马克思主义是由马克思主义哲学、马克思主义政治经济学和科学社会主义构成的理论体系。强调马克思主义的整体性符合马克思主义理论的实质。马克思作为马克思主义的创始人之一,其理论研究成果也具有整体性。我们先看马克思的哲学研究和政治经济学研究的内在关联。马克思的哲学研究要先于政治经济学研究,伴随着《关于费尔巴哈的提纲》和《德意志意识形态》创作完成,马克思阐明了新的哲学见解,实现了哲学上的重大变革。这意味着马克思主义哲学的核心内容已经形成了,马克思并没有因为《德意志意识形态》未能如期出版而烦恼,他说"既然我们已经达到了我们的主要目的——自己弄清问题,我们就情愿让原稿留给老鼠的牙齿去批判了"[①]。马克思更关注新的哲学理论是否清楚以及如何运用。新哲学的价值在于为其政治经济学研究提供世界观基础和方法论指导,马克思在《政治经济学批判序言》中回顾了自己的研究历程,并表明历史唯物主义的基本原理是"我所得到的、并且一经得到就用于指导我的研究工作的总的结果"[②],哲学作为世界观和方法论的意义被马克思充分地实现了。历史唯物主义提出了人类

[①]　马克思恩格斯全集(第13卷)[M].北京:人民出版社,1962:10.
[②]　马克思恩格斯全集(第13卷)[M].北京:人民出版社,1962:8.

社会发展的一般规律,对资本主义社会的经济学分析可看作对这一基本规律的实证研究,一方面历史唯物主义为资本主义社会的政治经济学批判提供指导,另一方面资本主义社会的政治经济学研究成果证明了历史唯物主义一般规律的科学性,二者内在契合。而科学社会主义是马克思一切理论研究的归宿,承载着哲学批判和政治经济学批判的价值目标。科学社会主义的创立依赖于马克思主义哲学和马克思主义政治经济学研究成果,马克思在解释了人类社会发展一般规律和资本主义发展规律的基础上,建构了科学社会主义理论。

笔者最初的专业领域为马克思主义哲学,后于财经高校从事马克思主义理论的研究和教学工作,在经济学氛围的影响下,开始关注马克思主义政治经济学理论。马克思主义哲学理论基础对笔者研究马克思的政治经济学理论是一种助力。马克思将其政治经济学研究命名为"政治经济学批判",表明了政治经济学研究不仅具有科学性,而且具有价值性。政治经济学研究的目的与马克思哲学研究的价值目标一致,都致力于在共产主义的基础上实现每个人自由而全面发展。基于对马克思主义理论整体性的理解,得益于马克思主义哲学的理论基础,笔者尝试选择一个较为新颖的视角进行研究,以"资本主体性批判与共产主义价值观研究"为题申报了教育部人文社会科学研究项目并获批。本书为课题研究的最终成果。

笔者在博士期间研究了马克思的实践哲学及其蕴含的主体性思想,将马克思的主体性思想置于西方主体性思想的历史脉络中进行研究。主体性在近代西方哲学中发展到了极致,之后受到现代哲学普遍批判,"消解主体性"成了一个普遍的呼声。笔者认为,主体性受到的批判并不能彻底终止主体性哲学的发展。近代西方哲学宣扬主体性及其受到的批判都源于人们对自由这一价值目标的追求,宣扬主体性起到了对抗宗教权威、对抗自然力等作用,强化了人的自由,但近代西方哲学并没有为人的真正自由找到出路,人这一主体在黑格尔哲学中降为客体,成为绝对精神发展的环节。马克思阐述了人作为实践主体所具有的社会性和能动性,明确提出实践主体的自由目标并找到了实现这一目标的道路。据此,马克思的主体性思想成为主体性思想在当代的新形态。在上述马克思主义哲学和主体性思想研究成果的基础上,笔者进一步研究了马克思的政治经济学理论尤其是资本理论,确定了新的研究视角,即资本主体性批判。

本书从资本主体性的内涵和表现、资本主体性和资本主义价值观批判,以及资本主体性的消解和共产主义价值观主要内容等方面展开研究。马克思在《共产党宣言》中概括了资本和人在主体地位方面的双重异化,资本具有了独立性和个性,原本作为主体的人却成为资本运行和增殖的工具,资本具有类似于人的主体性,成为资本主义社会支配一切的主体。以马克思主义政治经济学理论的主要成果,包括劳动价值论、劳动力理论、剩余价值学说、资本理论和资本主义基本矛盾等为依据,笔者阐述了资本主体性的形成和表现。结合资本主体性的作用,对资本主义价值观的弊端进行了分析,表明了资本主体性与资本主义价值观的内在耦合性。最后,本书结合资本主体性的消解阐述了共产主义价值观的主要内容。

本书既从一个较新的视角发掘马克思理论观点的丰富内容,也实现了对马克思理论观点的整体性研究。批判性是马克思理论研究的突出风格,虽然马克思的资本理论包含着对资本的积极作用的阐发,包含了对资本主义作为历史形态的必要性和价值的肯定,但批判性研究侧重于发掘资本主义和资本的内在矛盾,致力于推动历史发展,通过扬弃资本和资本主义社会形态,推进社会发展。本书侧重于批判视角,既符合马克思主义研究的批判风格,也为理论指导实践或理论与实践的统一奠定基础。此外,以往研究更多地从生产资料所有制、分配关系、劳动形式等方面阐发共产主义,将共产主义理解为一种现实运动、一种更加合理的社会形态。本书尝试从价值观的角度阐述共产主义的科学性,阐述共产主义代替资本主义的历史必然性,进而彰显共产主义的优越性,将共产主义理解为一个价值体系,扩展了共产主义观研究。

当今时代,进行资本主体性批判具有突出的现实意义。马克思认为资本具有社会历史性,资本是在一定历史条件下产生的,并随着资本主义生产方式的发展而逐渐壮大。当今时代,资本的影响力不减反增,深刻塑造着经济、政治、文化等社会生活的各个方面。资本主义经济危机不仅没有消失,反而从实体经济危机发展为虚拟经济危机,资本主义社会出现了经济发展失衡、政治体制失灵及社会融合度下降等现象。从资本主体性批判的角度研究资本有助于我们对资本负面作用进行充分地预估,进而约束资本的发展,确立资本为人的发展服务的价值导向。此外,批判资本和资本主义价值观,有助于增加我们对共产主义价值观的认同,抵抗西方各种不良价值观的渗透,坚定共产主义理想。

目　录

第一章 资本主体性的基本内容

一、资本主体性的内涵

人的主体性指人作为活动主体的质的规定性,是在与客体相互作用中得到发展的人的自觉性、自主性、能动性和创造性。但资本诞生之后,资本作为一种人造"物",一种"死劳动"获得独立性、个性和自由,而现实的个人失去了真正的独立性、个性和自由,这是"资本主体性"的核心要义。"虽然资本也一定程度地解放和激发了人的独立性,但它将人的独立性纳入自身之中,变成自己的独立性。"①

在马克思的理解中,人是主体,这与近代西方哲学一脉相承。自笛卡尔开始,近代西方哲学就将主体作为专门指称人的一个概念,但与近代西方不同的是,马克思对主体的研究以实践为基础,从实践中理解主体的普遍性和具体性,将现实的个人理解为实践主体。

按照马克思的理解,资本可以还原为货币,货币产生之初,只充当一般

---

① 刘志洪.马克思资本权力批判思想及其意义[J].吉林大学社会科学学报,2022,62(02).

等价物,用于不同商品之间的交换。在资本主义社会中,人们对货币的使用不再仅限于满足交换的需要,而表现出对货币本身强烈的占有欲。货币不再只作为人们买和卖的中间环节,而成为资本家实现资本增殖的手段。货币作为资本,这是超出了货币的简单规定的一种货币规定。货币作为资本,可以看作货币的更高实现。而货币又可以还原为商品,它是固定充当一般等价物的商品,实质上是商品的特殊形式。

主体指称人这一特殊存在者,作为无生命的物而存在的资本,何以能够成为一种主体呢?要解答这一问题,理解资本主体性的生成,要从资本的界定着手。马克思认为,资本显然是关系,而且只能是生产关系。马克思的这一界定意在强调,只有从生产关系的角度入手,才能解开资本主体性的奥秘,了解资本成为主体的真正原因。

资本主体性的生成与资本主义生产关系息息相关,货币和劳动力的相互作用对资本获得主体地位起到关键作用。马克思揭示出劳动是剩余价值产生的源泉,并认为货币转化为资本与劳动力成为商品相辅相成。资本主义雇佣关系是货币和劳动力相互作用的载体,货币以可变资本的形式用于支付工人的工资,工人从事生产劳动,产生剩余价值,剩余价值以商品为载体,经过流通环节,最终再转化为货币,实现资本增殖。所以,一旦货币购买的劳动力生产出含有剩余价值的商品,商品带来货币增殖,货币也就转化为资本,并为扩大再生产提供准备。在这个意义上,资本便是能够通过剩余价值实现增殖的价值,购买工人的劳动力进行生产,是货币转化为资本的必要环节。

在资本主义商品经济下,一无所有的自由人将自己的劳动力出卖给资本家换取工资,使自己的劳动力成为一种特殊的商品,这种商品在被使用的同时能够创造出新的价值。这个价值高于劳动力商品本身的价值,即高于工人获得工资补偿的那一部分,这里就存在一个差额。这部分差额由工人的生产劳动创造,却没有得到货币补偿,因而由资本家占有,马克思把工人创造出并得到工资补偿的部分价值称为必要价值,相对的未能得到工资补偿的部分称为剩余价值。剩余价值是资本增殖的源泉,也是货币转化为资本的首要条件。

资本的增殖过程以生产为起点,经过生产环节后再经过流通环节,将实现资本家把剩余价值转化为货币的目的。不论资本家最初的资本是用何种方式获得的,进行商品生产的资本家要实现资本增殖就必须扩大再生产。商品在流通领域中把自身包含的剩余价值转换为货币,即实现W-G的转换,资本家利用得来的货币购买下一轮生产所需要的资料和劳动力,即实现G-W'的转换。在W-G-W'的过程中,货币成为资本家进行扩大再生产的资本,即货币资本。正如马克思在《1857—1858年经济学手稿》中提出的,货币成为资本是货币的更高实现。

由此可见,在资本主义生产方式下,死的资本必须不断吮吸活劳动以维持自身的价值,否则就是静止的消极损耗。资本对工人进行筛选,淘汰不能为其生产剩余价值的"自由人",这个过程使资本对劳动力从形式性吸纳转化为实质性吸纳。工人从属于资本,工人在此从属关系中成为资本增殖的工具。

最大限度获取剩余价值是资本天然本性,从表面上看,资本家组织生产,是生产的实际控制者,资本家调动一切能够调动的因素为生产服务,以达到获利的目的。实则是资本在起作用,资本家在资本逐利本性的驱动下组织生产,成为资本职能的执行者,在这一意义上,马克思看到了资本家的实质,即"人格化的资本",而资本才是生产活动的实际控制者。由此可见,货币转化为资本的过程,也就是资本主体化的过程,资本由"死劳动"一跃成了控制活劳动的主体,这是资本主体性的基本表现形式。

资本原本是无生命的物,不具备主体特性,真正具有独立性和个性的主体应该是人,即劳动者。然而在资本运行中,主客关系被颠倒了。马克思在不同时期研究成果体现出了人日渐物化的过程。马克思早期文本中坚持了"人力"与"生产力"的异质性分析,后在《德意志意识形态》中以同质性看待"人力"和"生产力"。在《雇佣劳动与资本》中,马克思把劳动力理解为一种商品,"人力"和"物力"没有了质的区分,这说明在资本主义生产方式下,人逐渐被物化,丧失了与一般生产资料的区别,日渐丧失主体地位。与此同时,资本逐渐把生产资料、工人、乃至资本家都作为对象加以操控,为自我增殖服务,体现出了主体所具有的独立性。

由此可见,资本主体性是指资本在追求和实现增殖的过程中体现出来的,类似于人作为主体所具有的那种特性。马克思并未对资本的主体特性作出直接的阐述,但我们可以借助他在《共产党宣言》中的一段阐述来理解,马克思说道:"在资产阶级社会里,资本具有独立性和个性,而活动着的个人却没有独立性和个性。"①马克思常把独立和独立化同资本连用,"物化劳动和劳动的客观条件,指的都是资本。这种总体性与独立性,使资本权力成为一个独立的总体,拥有自己的意识和行动,仿佛具有生命一般。用马克思的语言描述,资本的权力如同有生命的人一样能够站起两条腿走路"②。由此我们可以将资本主体性理解为资本作为主体所体现出的类似于人所具有的那种独立性和个性。资本的主体地位是相对于人的主体地位而言的,是通过压制和攫取人的主体地位而获得的,是一种虚假的主体地位。

人的自由全面发展是马克思终身理论研究的价值目标,资本主体性的确立意味着人的主体性的丧失,这与马克思追求的价值目标背道而驰。马克思的资本主体性批判的目的正在于,消解资本的主体地位,重新确立人的主体地位,这是资本主体批判的核心要义,是马克思资本批判理论的价值旨

---

① 马克思恩格斯文集(第2卷)[M].北京:人民出版社,2009:46.
② 刘志洪.马克思资本权力批判思想及其意义[J].吉林大学社会科学学报,2022,62(02).

趣和哲学意蕴。

二、资本主体性的表现

马克思在文本中批判了资本对个人的统治、对社会关系的重构,私人垄断资本对国家政权的干预,以及金融资本对全球经济的统治,从不同层次对资本主体性作用及其虚假性进行批判。经典资本主体性批判理论同样适用于批判当代资本主义新现象,即资本家的贪婪只是资本增殖本性的表现而已,金融资本在国家政权所主导的垄断资本主义中已占据越来越重要的地位,日益形成世界范围内的金融统治。

在资本主义生产方式下,资本和人的主客关系发生了颠倒,资本一跃成为主体。其主体地位在资本和对象的主客关系中得以体现,即资本作为主体对一切对象实施了控制和支配,权力一般被理解为支配和服从的关系,其中处于支配地位的是权力主体。资本在其运行过程当中"不是一种个人力量,而是一种社会力量"[1],资本主体性在现实层面上就体现为资本权力。资本的这种权力首先表现在经济领域,即表现为一种将一切生产要素都作为对象加以支配的经济权力,然而资本的主体性不仅限于经济领域,"资本的权力虽发轫于经济领域,但绝不只是一种经济的权力,而是社会的总体性权力,并构成现代社会全部权力的基础。从支配的对象看,资本不仅掌控经济领域,而且操纵政治、文化和自然,支配整个现代世界"[2]。资本无限增殖的本性使得它不断扩大自己的统治范围,逐步渗透至政治和文化领域,最终成为一种"特殊的以太"和"普照的光"。

---

[1] 马克思恩格斯文集(第2卷)[M].北京:人民出版社,2009:46.
[2] 刘志洪.马克思资本权力批判思想及其意义[J].吉林大学社会科学学报,2022,62(02).

(一)资本在经济领域的主体地位

政治经济学是马克思主体形而上学批判深化的重要部分,《资本论》中有这样的论述:"对这一时代说来,货币是一切权力的权力。"①马克思的政治经济学阐述的资本理论,为我们研究资本主体性批判提供了理论依据。马克思阐述了资本的本质和特征,表明资本形成依赖于工人的生产创造出的剩余价值,生产环节是资本形成的必经环节。在资本主义私有制基础上开展的生产活动,由资本家组织,资本家将货币投入生产当中,购买生产资料和劳动力,对生产过程和产品,尤其是剩余价值都具有支配权。然而,马克思进一步指出,资本家是资本的人格化产物,资本家的支配权与资本的诉求完全一致。就此而言,资本家也在为资本的增殖服务,作为资本的代言人,资本成为主体,而包括资本家在内的其他一切都受制于资本,丧失了主体地位,成为客体,这是资本和人双重异化的结果。资本最终发展成为"资产阶级社会的支配一切的经济权力"②。

资本主义生产表面上看是资本家占有生产资料,通过使用资本组织生产要素进行生产,通过占有剩余价值实现资本增殖,实则是资本家不断追逐利益的目的和资本逐利本性不谋而合;表面上看是资本家支配和利用资本逐利,实则是资本家受资本逐利本性的驱使,资本家只是人格化的资本,履行资本增殖职能,代替资本管理劳动。这些超级经理人是生产资料的实际控制者,因而是资本职能的实际执行人。资本家获得资本给予的支配生产资料的权利,应竭力促进人与人之间的自由平等发展,但在实际操作中,资本家被资本的贪婪本性同化,甚至有过之而无不及,资本家只是资本增殖职能的执行者。

①　马克思恩格斯文集(第5卷)[M].北京:人民出版社,2009:825.
②　马克思恩格斯文集(第8卷)[M].北京:人民出版社,2009:31—32.

那么,资本家如何为资本增殖服务呢? 劳动是价值的唯一源泉,也是资本增殖的源泉。资本对工人创造的剩余价值的支配权,被马克思称为"一定数量的无酬劳动的支配权"①,获取剩余价值就意味着帮助资本增殖。

在生产环节,资本家首先在工人的工作时间上做手脚,在社会必要劳动时间稳定的前提下,资本家延长工作日时长,这样可以直接地增加剩余价值,从而使利润增多。在工人反抗的压力下,资本家又转而提高生产效率,降低劳动力价值,减少付给工人的报酬,从而获取更多剩余价值。尽管工人的劳动时间缩短了,但拿到的仍然是相对较低的工资,工人再次抗议,聪明的资本家便要求工人延长工作时间,并给予工人相应的报酬——加班费。究其根本,加班费只是工人必要劳动部分的报酬,工人创造的剩余价值仍然被资本家无偿占有,所以这两种工作方式并没有本质的区别。即便是在当今时代,劳资关系趋于缓和,雇佣关系更具有弹性,工人和资本家之间可以进行双向选择,工人对不同工作的选择更具自主性,工人的工作不再受时间和地点的限制,工作方式更具多样化,然而工人在资本主义生产中的角色和作用实质上没有改变,这些举措目的在于维持资本的良好运行,工人在劳动环节中作为资本增殖的工具性特征不减反增。

在交换环节,资本家寻求和扩大市场。只有当商品实现了交换,凝结在商品中的剩余价值才能转化为实在的货币,实现资本增殖。资本家通过创新和改革等方式为人们设计出更多的虚假需求,使大众落入为资本增殖服务的圈套。资本家对资本运行进行管理,资本借助资本家制定有利于自身发展的路径。

为了获得更多报酬,工人也尝试提高自身能力,以提高劳动力价值,这也造成了工人之间的内卷。当工人普遍具有良好的自身素质之后,工人原

---

① 马克思恩格斯文集(第5卷)[M].北京:人民出版社,2009:611.

本足以适应生产的劳动能力贬值了,资本家重新定义工人的价值标准,从而造成新一轮的工人内卷现象。内卷造成部分工人成为"多余人"的后果是,"多余人"为维持自身生存,只能自降身价为资本家劳动,因此,资本家的生产成本降低了,从而占有了更多的剩余价值,借助公式 $m/v=p$ 更能直接明了地理解资本家对工人的剥削。当剩余价值 m 在一段时间内不变时,剩余价值率 p 随着可变资本 v 的减小而增大;当可变资本 v 趋于无穷小时,剩余价值率就趋于无穷大,所以资本家对工人的剥削是无止境的。由此可见,不论是通过对外抗争,还是通过自我提升,只要是在资本主义私有制和雇佣关系下,工人始终摆脱不了资本家代言的资本的操控。

人本应作为主体操控资本,在资本主义私有制下,资本家代表资本操控了工人,实际上也是资本实现了对人的操控,这是资本主体性在经济领域的集中体现。

(二)资本在政治领域的主体地位

权力指的是一种对其他对象的支配权力,资本权力则指资本所体现出来的,对其他对象的力量,这种力量体现在政治领域,就主要表现为一种政治权力。政治权力与经济权力相互依赖,经济权力是政治权力的基础,而一旦政治权力建立起来,资本又利用政治权力维护自身。对此,马克思说道:"现代的资产阶级财产关系靠国家权力来'维持',资产阶级建立国家权力就是为了保卫自己的财产关系。"[①]资本逐利本性决定资产阶级在取得社会经济地位之后必然会侵染社会政治,寻求与政治耦合,以实现逐利和扩张的目的。不论是资本的经济权力还是政治权力,都不能被视为人的本质力量的彰显,对人而言实质上是一种外在的支配力。这种支配权力,也就表明了资

---

① 马克思恩格斯全集(第4卷)[M].北京:人民出版社,1958:331.

本的主体地位。

随着资本积累,资本权力逐渐渗透到政治领域,资本主义政治逐渐成为资本扩张和逐利的保障。在资本的原始积累阶段,资产阶级通过暴力手段推翻阻碍其发展的王权统治,通过确立资产阶级的政治统治地位为资本控制政治扫平了道路,随后又与被统治阶级达成同盟,以继续维持资本对政治的控制。在此期间,资本在一定程度上推动了人类发展。进入现代以后,资产阶级用文明手段取代暴力手段,逐渐掌握了国家政治话语权。

资本具有主动性和开放性,而权力更具封闭性,这注定在资本的流动过程中造成政治权力为资本扩张服务的局面。在初始时,资本并未有意识地控制政治权力,在资本意识到资本和政权的互动能够产生更多的利润后,便有意去寻求自己和政治权力的同盟。资本在世界上占据一席之位后,便不断地为自己争取更多的权力。在资本无序扩张的情况下,国家虽然也动用了政治权力约束资本运行的走向,但资本的经济权力不断反噬政治权力,并力求突破政治权力的约束。资本的运行应受政治的主导,但事实是资本主导政治,国家政治受资本控制,国家治理受经济寡头的影响,形成资本政治的现象。资本拥有了同时控制生产关系和政治关系的权力。

资本对政权的控制使资本掠夺合法化。以往商人处于被动地位,只能依附于政权,但在资本主导的世界中,资本通过购买的方式使政治权力为自身扩张服务,并迫使政治权力与资本利益一致化,以达到资本在政权庇护下迅速扩张的目的。政权给予资本扩张政策保障,纵然政权会制造出新的社会结构阻止资本的疯狂掠夺,但资本对政权的不断渗透使资本总有机会进行非法活动。资本垄断政治,国家最终由大资本控制。

资本通过对权力的操控实现了在各个领域中的优先地位,对生产、分配和消费等领域实现真正的资源控制,不断形成资本的垄断地位。资本通过操控政治权力,进一步巩固了自己的经济权力,主体地位进一步增强。

(三)资本在文化领域的主体地位

文化作为群体认同的一种表达方式,其形成过程是人与人之间产生凝聚力的过程。不同民族间的不同文化,传达着迥异的价值观念和精神内容。随着资本的膨胀,资本权力不断渗透至文化领域,逐步使文化向着有利于自身的方向发展。资本对传统文化的侵染首先是通过使文化物化,即以文化成果商品化的方式进行。资本给予文化产品独立性,使文化产品成为商品进入市场,同时,资本的空间扩张消除了文化发展的地域壁垒,使文化传播途径日渐丰富,传播方式逐渐多样化,传播成本逐渐降低。资本在推动文化发展和传播的同时,也为文化商品的市场化产出和经营创造了条件。被资本物化的文化,以文化商品的形式成为资本增殖的工具。

资本不仅通过文化商品的形式实现增殖,还通过文化产品来引导和重构大众的认知,从观念上为资本的扩张保驾护航。在传统文化理念中,个人欲望被文化压制,欲望被定义为隐晦与不堪。文化给人以精神压力,任何越矩行为都被认为是违规的"庸俗"。在这种看似压抑的环境中,文化价值被传承,主流价值观在社会中占主要地位。资本打破了这种文化禁忌,符号消费使庸俗的事物被赋予身份和地位的象征,娱乐主义、享乐主义盛行,资本试图使全世界认同这种消费文化,使这种消费价值观成为"普世价值"。被资本浸染后的文化丧失了价值严肃性和高雅性,从而失去支撑社会精神的作用,成为庸俗的消费方式和资本增殖的工具。在此境况下,社会文化整体性丧失,国家受文化霸权主义的威胁,文化已然成为资本扩张的精神支柱。

资本用文化的精神工具来控制和塑造人,使人的一切发展都朝着有利于资本发展的方向进行,这就造成明显的主客关系倒置。人的观念领域被拜金主义和享乐主义占据,而资本创建的文化消费平等的环境,只是塑造了人人都有文化消费支付能力的假象。在资本的作用下,文化的首要作用不再是丰富和健全人的内在精神,反而是资本扩张的助手,一方面通过产出文化商品直接实现资本增殖;另一方面通过构建消费文化影响人的观念,为资本增殖提供精神支柱。

历史证明,文化不总是朝着有利于人的方向发展,资本的出现加快了文化显现其负面效应的步伐。应肯定的是,资本逻辑变革了文化生产方式,丰富了文化形态,推动了文化产业发展,提高了文化影响力,人的个性化需要被满足,同时文化拓宽了资本增殖的渠道。这说明资本和文化之间存在某种制衡的可能性,只有回归到人本身,才能找到资本和文化耦合的平衡点。

第二章　马克思对资本主体性的批判

以哲学的思维方式反思经济学问题,近年来受到越来越多的关注,政治经济学的兴起与西方主流经济学理论困境相关。西方经济学的主流学派强调经济学的自然科学性,即将价值问题排除在研究范围之外,以寻求绝对的客观性。从方法论角度则是推崇理性逻辑演绎的方法,尤其是数学方法,将经济学的自然科学性质发挥到极致。在成就的评价标准方面则注重量化原则。西方主流经济学研究缺少人文关怀,排斥价值向度。近年来,经济行为屡屡面临道德拷问,经济现象不可能与价值问题完全隔绝。经济学的发展呼吁人文价值向度的复归。从经济思想史的角度来看,西方很多著名的哲学家都研究过经济学问题,如亚里士多德、洛克、蒲鲁东等,尤其是马克思。经济学最早可以追溯到亚里士多德的伦理学研究。马克思主义政治经济学突出强调人文价值向度,马克思主义政治经济学批判的出发点和目标都在于人的自由。

马克思以批判著称,其政治经济学批判的方式为"形而上学社会历史批判"。马克思主义政治经济学批判与其主体形而上学批判内在关联。马克思主义理论有其现实的社会根源,理论批判必须深入现实批判层面。理论上,马克思指出了主体形而上学的同一性逻辑造成人失去主体性和自由,具有逻辑悖论,其现实根源在于资本主义社会中资本存在统治逻辑。资本在现实中发挥了和形而上学一样的功能,即消除一切商品的差异性,包括人的个性。资本的同一性也就是统治性,在资本的统治下,个人失去了主体性,变成了资本运作的环节和工具。这是资本的异化,也是人的异化。马克思把对主体形而上学的批判深入社会现实层面,开创了资本批判的新方式,彰显出批判的现实意义。

马克思的批判是双向的:一方面指向主体形而上学,另一方面指向资本,二者的内在机理是一致的。资本批判代表了主体性批判的现实层面,但其理论上需要主体性批判作为先导。资本对现实人的统治和束缚使现实人失去了主体性,发生了物化,而本应作为物的资本却具有了主体性,这是人和资本的双重异化,而异化的结果就是人失去了自由。马克思批判主体形而上学和资本的主体性都是要追问自由,在理论上和现实层面上实现人的真正自由。马克思主义政治经济学具有的人文情怀正在于此。

人的主体性、资本和自由这三个要素的关系可以概括为:"主体性哲学只有通过主体性资本的解读,才能触及该哲学的真正历史空间——个性化的自由人性和多样化的自由市场需要自由精神哲学的启蒙。"①资本的主体性寄生于资本主义社会,是资本主义社会的主要特征。马克思始终批判资本主义社会,只要资本主义生产方式存在一天,马克思的批判就如同幽灵一般不会离去。要实现对资本主义社会彻底的批判就必须搞清楚资本的秘密,马克思致力于揭示资本的统治逻辑并将其消除。自由是主体性观念的使命,还人以主体性也是马克思资本主体性批判的使命。

---

① 张雄.现代性后果:从主体性哲学到主体性资本[J].哲学研究,2006(10).

一、资本主体性批判的理论基础

(一)实践哲学与主体性批判的新奠基

近代资本主义社会在确立了人的主体地位之后又颠覆了主体,人最初设定的解放思想变成了解放陷阱。人通过消解神的权威,从神的统治中解放出来,又堕入新的神龛。在社会现实层面亦是如此,人消解了神圣形象之后,又在现实中受到新的非神圣形象的统治,即资本的统治。资本超越一切世俗权威成为人类膜拜的对象,资本拜物教一时兴盛。这些都应归咎于形而上学的思维方式。马克思发现资本与主体形而上学互相支撑。无论是在理论上超越主体形而上学,还是在现实层面上摆脱资本的统治,都需要跳出形而上学,以另外一种更加合理的哲学范式为基础,这就是马克思的实践哲学。马克思的实践哲学是资本主体性批判的理论基础。

人是一种特殊的存在者,准确把握主体之人需要一种与其相适应的哲学范式,近代主体观念的弊端正是囿于形而上学的哲学范式,导致主体丧失了生命力,成为同物一样现成和僵化的存在者。马克思主义哲学要重塑生动的主体,就需要为主体观念提供全新的哲学基础,这就是马克思的实践哲学。马克思对形而上学持有明确的批判态度,马克思主义哲学的发展过程始终伴随着形而上学批判,或者说,马克思的新哲学正是在形而上学批判的过程中不断发展,从而实现了西方哲学划时代的革命性变革。马克思形而上学批判的方式在于,"深入到形而上学背后,发掘和揭示其在现实生活中得以存在的社会历史根源,试图通过对这种社会历史根源的消解和批判,来实现对形而上学的批判。这使得马克思在哲学史上开创了'形而上学社会历史批判'这一形而上学批判的独特样式"①。

---

① 贺来."主体性"的当代哲学视域[M].北京:北京师范大学出版社,2013:116.

这里强调了现实生活世界的基础性地位,人的现实生活世界构成理论认识活动(尤其是形而上学)的深层根源。马克思这一观点颠覆了传统哲学对理论活动和实践活动关系的基本态度,凸显了实践活动的本源地位。实践与理论相比,具有基础性和本源地位,这是实践哲学的基本观点。对于马克思主义哲学所体现出来的实践哲学理论性质,哈贝马斯有过评述:马克思颠覆了理论与实践的古典关系,从而证明理论认识活动需要以实践活动为基础,理论认识活动只有植根于实践才得以可能。通过消解形而上学和创立实践哲学,马克思开创了现代西方哲学。

实践概念是实践哲学的核心,马克思在《关于费尔巴哈的提纲》中首先论述了实践的内涵,实践哲学范式对于准确理解主体十分重要。马克思提出把对象、现实、感性当作实践去理解,也就是要求从主体的方面去理解实践活动体现出人的自主性、能动性和创造性,彰显人的主体地位,把对象当作实践去理解,也就是在强调人的主体性。主体是从事实践活动的主体,"实践"和"主体"两个概念必须相互结合才能被充分地理解。马克思将是否从实践活动的角度理解主体作为区分自己的主体观念与近代主体形而上学的标准。马克思认为,费尔巴哈的唯物主义哲学虽然承认客观世界是感性的物质性存在,但将其视为自在存在,没有认识到客观世界是人实践活动的产物,是人本质力量的对象化和目的的现实化的产物,因而无法理解人的主体地位。与此相反,唯心主义哲学认识到人的主体地位,但从人的精神或意识的方面去理解,也就是从认识活动角度去理解,造成了主体自我封闭、主客体二元对立,以及个人与他人无法沟通等理论难题。归结起来,以往一切哲学对主体理解上的偏差都在于未理解实践概念及实践活动的优先性。明确实践概念及其第一性地位,是合理理解主体的必要条件,马克思正是按照这一思路进行了理论探索。实践概念的重新界定在理论上杜绝了一切形而上学的可能,以实践为核心的哲学理论,只能是一种全新的实践哲学。这是阿尔都塞所说的，马克思的哲学思想仍然存在着，但却不再被作为哲学来生产。实践哲学为重新理解主体提供了充分的理论依据，马克思的现代实践哲学为后来人重新解读主体观念奠定了基础。

实践哲学作为一种现代哲学范式，具备以下三个理论原则：

第一，实践活动优先性原则。虽然实践概念最早可追溯到古希腊的亚里士多德，但那时的实践哲学是以"实践"为研究对象的哲学理论，现代实践哲学是将实践活动视为基础性活动，并将实践哲学视为第一哲学的理论倾向。现代实践哲学的首要原则在于强调实践活动的优先性，消解主体形而上学所主张的理论认识活动的第一性。马克思虽然不是最早论及实践概念的哲学家，却是最早明确提出实践首要地位的哲学家，尤其是物质生产劳动，就此而言，马克思是现代实践哲学的奠基人。实践是理解社会历史的关键，也是理解主体奥秘的钥匙。

第二，价值性原则。现代实践哲学所理解的实践活动，不同于近代主体形而上学主张的价值中立的认识活动，而是一种价值性活动，即包含了人的价值诉求、价值判断和价值创造的活动。实践活动的人"不是仅仅盯住现实之物、没有超越性理想追求的人，而是顶天立地的人，即既立足于现实大地、又内心中装载着价值理想的人"①。在马克思看来，这一价值理想就是实现自由和解放，实践正是实现这一价值诉求的现实力量。实践哲学的价值性原则与主体观念的使命极为一致，价值性原则使得"实践"和"主体"得以融合，使"实践主体"能够担负起人类的终极价值追求。

第三，历史性原则。历史性原则是实践哲学必不可少的理论原则。形而上学以追求永恒不变的本体为己任，如果马克思的实践哲学缺少历史性原则，实践将蜕变为超时间的本体，实践哲学的革命性意义也将荡然无存。

---

① 刘森林.反讽、主体与内在性——兼论马克思哲学中的反讽维度[J].现代哲学,2006(05).

历史性原则是对抗形而上学哲学范式最有力的武器。实践是一种社会历史性活动，作为实践主体的人具有未定性的特点，是一种在实践活动中不断创造自身、发展自身的存在者，由人及其实践活动，以及人与人关系构筑的社会，也呈现为一个历史发展过程。历史性原则是马克思主义哲学始终生动鲜活的灵魂，也是其与凝固僵化的主体形而上学区别开来的关键点。

马克思开创的实践哲学范式，受到了现代以来哲学界的普遍认同，哲学界常以"实践转向"来标识西方哲学走向，虽然现当代哲学呈现出理论多元化倾向，但在解构形而上学、推崇实践哲学方面具有共同性。实践哲学是与形而上学相反的一种全新的哲学范式，现当代哲学作为内容广泛的哲学谱系，包含了几乎所有反对形而上学的理论观点。

马克思开创的实践解释学具有实践活动优先、秉承价值性的特性，兼承历史性解释原则，为重新阐释主体提供理论基础，也为理解资本的主体性及马克思的资本主体性批判提供基础。

（二）主体形而上学批判

马克思发现了资本和理性形而上学的内在一致性。二者的关系一方面使资本具有了形而上学的同一性和强制性，成为规定一切他物价值的主体，具有了主体性，成为理性形而上学造就的现代资本；另一方面使形而上学凭借现实层面的资本力量不断壮大，发展为主体形而上学。前者造成人在理论层面上的抽象性和封闭性，受到理性的奴役而失去自由；后者在现实层面造成人的异化，将人磨平为无差别的劳动力商品，从而失去主体性和个性，处于非自由的生活境地，这引起了马克思的关注。当下时代仍然存在这一状况，这是当代继续进行理论批判的主要原因，也是马克思主义政治经济学批判的生命力和当代价值所在。

本书研究也遵循这样的思路，先阐明主体形而上学的理论问题，再进一步探究马克思的主体性批判，结合主体形而上学批判来理解资本的主体性批判。

1.主体的形而上学化

主体性观念是西方哲学重要的理论问题，尤其是在近代西方哲学时期。笛卡尔被公认为近代哲学的开启人，他的主要成果正是对主体和主体性进行了规定。笛卡尔提出了著名的哲学命题："我思故我在。"他首先证明"我思"这一活动是无可怀疑的，而"思"不可独立存在，与"我"必定同时存在，"我"是"思"之活动的载体，"我思"的不可怀疑也就意味着"我在"的不可怀疑。"故"在这里并不表示前者推导出后者，"我思"和"我在"不是谁推导出谁的关系，二者是逻辑共在的关系。自笛卡尔开始，人成为独一无二的主体。人的理性思维能力赋予人的能动性，被视为主体性。

笛卡尔在奠定近代主体性思想基础的同时也确立了其研究的基本范式，即形而上学的理论范式。哈贝马斯认为，形而上学哲学范式的突出特点是同一性原则，即从"多"中抽象出"一"，然后再用"一"去划约和解释"多"。近代哲学把主体作为一切事物存在和获得自身价值的依据，实质上就是把主体变成了形而上学的"一"，把主体作为实体。正是在此意义上，海德格尔对近代哲学进行了批判，并把近代以主体范畴为核心的哲学理论称为主体形而上学。

主体成为实体，即主体的实体化，是主体形而上学的核心内容。古代哲学直接断言世界，近代哲学则不同，认为人的认识能力是断言世界的前提和基础，世界首先是呈现在"我"的认识之中的世界，人的认识能力是断言世界的逻辑前提，而"我思"或自我意识又是认识活动的逻辑基础，自我成了确证其他一切存在的必要前提，只有确立"我思"的自我，才能找到世界存在的最终根据，这是笛卡尔提出"我思故我在"的真实含义。笛卡尔的首创性工作是把自我塑造成了别具一格的主体，而这一主体所起的作用与传统哲学中作为世界本原的实体如出一辙,自我意识或主体成为传统哲学中被叫作实体的那个东西。近代认识论哲学使自我这一主体成为实体,呈现为主体形而上学。

2.主体自由的失落

近代哲学确立主体性观念的出发点是对个体自由的追求,人的主体身份意味着人的独立和自由。人正是怀着对自由的憧憬探索出了主体的发展之路,主体性思想是人自由欲求的哲学表现。

"主体"与"自由"紧密相关。近代西方哲学后起于中世纪宗教哲学。人最初是为了对抗中世纪神的权威而宣扬人的权威,寻求人的自由和解放。中世纪宗教的压迫激发了人的自由意识,催生了人的主体观念。"尼采已经预感到应该在宗教里找寻近代主体性的来历:'如果没有那一宗教流派及其此前的发展,人不能学会如饥似渴地找寻自己'。"①人力求从神的权威中解放出来,确立人的权威,以人的权威来对抗和取代神的权威,人宣称主体地位正是这一努力的结果。通过主体地位的确立,主体性的充分发挥,人能够对抗包括宗教在内的一切权威,实现自身的解放。事实也证明了这一点,近代主体观念在拓展主体自由方面确实起到了一定的作用,主体原则成为启蒙运动、宗教改革、法国大革命等重大历史事件的核心观念,主体也构成了现代性的核心范畴。

由此可见,近代主体观念是人追求自身自由和解放的理论表征,主体观念的产生伴随着自由解放的口号。基于主体观念与自由的这一重要关联,本书将是否能够实现人的自由,以及如何实现人的自由作为评判主体思想是否合理的标准。自由是人的终极价值追求,主体性是表征人获得自由的内在条件,"主体是自由的实现的真实材料"②。就此而言,主体观念具有不

①　[德]彼得·毕尔格.主体的退隐[M].陈良梅,夏清,译.南京:南京大学出版社,2004:7—8.
②　[德]黑格尔.法哲学原理[M].范扬,张企泰,译.北京:商务印书馆,1961:111.

可消解的意义和价值,既然自由价值目标不可消解,主体观念就不应完全被抛弃。需要注意的是,主体形而上学同主体观念不能完全等同,主体观念在近代表现为主体形而上学。

人们怀着自由的预期走上了主体形而上学之路,结果却适得其反,人最终陷入了非自由境地,这是主体形而上学的悖论所在。近代哲学发生了认识论转向,将研究的重心放到认识论问题上,人首先是作为认识主体而存在的,在自由观方面诉诸认识活动来实现自由。人与自然界的关系首先是认识和被认识的关系,通过认识活动掌握自然规律,运用规律性认识占领和操控自然界,从而扩展自由。"知识就是力量"表达的正是这一信念。人类认识自然界进而占领自然界与形而上学的同一性原则一致,就是要消解和同化自然界,使自然界服从"我"这一主体的安排,从而把自然变成"我"的财产。马克思主义哲学家阿多诺这样描述形而上学,称其是"一种企图将客体纳入思维范畴,急切地想抓住并同化一切异己事物的渴望"①。形而上学的同一性逻辑同时也是一种极权主义,按照这一逻辑发展下去,主体的权威不断地膨胀,最终必将发展为至高无上的"绝对精神"。黑格尔哲学把近代主体形而上学的同一性逻辑发展到极致。在黑格尔那里,主体也就是精神化的实体——绝对精神,绝对精神作为自我发展的主体不断地膨胀,成为超越人之上的自由理性,现实的个人被弱化,仅仅充当绝对精神发展的一个环节,人必须遵从绝对精神,才能体现自身的价值。主体观念在消解了宗教的神之后,又为自己创造了另一个神,即绝对精神。人再一次失去了自主性而成了理性的奴仆,主体未能获得真正的自由。

"'实体化'的'主体'在理论上是独断的,在实践效应上是灾难性的。"②

---

① [美]道格拉斯·凯尔纳,斯蒂文·贝斯特.后现代理论——批判性的质疑[M].张志斌,译.北京:中央编译出版社,2011:251.

② 贺来."主体性"的当代哲学视域[M].北京:北京师范大学出版社,2013:42.

一旦主体成为实体,主体发挥同一性作用,这种同一性也是一种对外征服的暴力,是要削平一切差异的霸权。在对待人与自然的关系上,就体现为作为主体的人对自然的征服和占有,导致了自然的反击,给人类带来了伤害。人对于自然肆意掠夺招致的报复,人将他人作为实现自己目的的工具造成的人与人关系的紧张都引发人们对主体中心主义和工具理性的批判,近代主体形而上学及其理性主义备受质疑。

3.主体性批判的价值诉求

当代哲学仍然关注主体性问题,以批判的方式继续推进主体性思想研究。当代哲学对主体形而上学进行了尖锐的批判,维尔默从三个方面概括了批判的内容:对主体的心理学批判、对主体的社会学批判、对主体的语言学批判。对主体的心理学批判指出,理性并非像近代认识论哲学所承诺的那般绝对和至上,理性无限性的信念只是一种幻想。人的非理性因素很大程度上制约和影响着人的理性,甚至比人的理性更加原始。理性自因性和自足性是一种虚幻的信念。主体的社会学批判指出,理性具有强制性作用,人运用理性去控制自然,必然招致自然对人的反击。主体的语言学批判指出,自我是语言功能的产物,认识主体的理性并非具有优先性和本源性,比理性更加本源和基础的是前理性的意义世界,意义世界是理性得以运用的前提。

上述三个角度的批判内容迥异但目标相同,都指向近代主体形而上学,揭示了实体化主体与其自由目标的背离。现代哲学和后现代主义对理性和主体形而上学进行了批判,对理性主义的批判被冠以主体批判的名头:主体性的过度膨胀导致人与自然、人与人之间的矛盾日益加剧,现实的矛盾促使人们从理论层面去思考问题的根源,对于理性精神的批判都指向了主体,声势浩大的反思与批判活动直接针对主体,实则是针对精神实体,主体成了理性精神的替罪羊。对主体形而上学的批判也就意味着对理性主义的批判。

对近代理性的批判最为尖锐的当数尼采,在其影响下,海德格尔、哈贝马斯和福柯等著名哲学家也都将批判的矛头指向了近代理性主义,致力于消解理性排他性的至上权威。与此相关联,当代哲学家也否定理性扩张同自由之间的必然联系,指出社会理性的强化不仅不会扩大人的自由,反而会缩减自由。

当代哲学极为激烈地批判了主体形而上学,但没有完全抛弃主体。尼采宣称"上帝死了",提出了"超人哲学",他对超人的强调包含了对人主体地位的强调。海德格尔为避免重新陷入主体形而上学,提出了"此在"概念,"此在"是理解存在的入口,这一特殊性也包含了主体的意味。

当代哲学家何以一边批判主体,又一边言说主体?这一现象已经提示了当代哲学主体性批判的真实用意。当代哲学要批判的是主体形而上学或作为实体的主体,而不是要全盘否定主体。当代哲学要拒斥的是单纯依赖理性绝对化来实现自由的想法,而不是要放弃通过发挥人的主体地位来实现自由。福柯的主体批判十分著名,他明确提出消解主体,但不能仅仅从字面上理解福柯"人之死"的含义。福柯意在说明先验主体或意识主体已死亡,从而树立实证主体和历史主体,福柯"不是从放弃主体范畴的意义上言说主体的死亡,而是将它视作范畴内部划时代推演的征兆"①。福柯的观点具有一定的共性,当代哲学主体批判并非要完全否定主体,而是要重新探索主体,对主体作出更加合理的阐释。加塞特认为,如果由笛卡尔确立的主体观念应该被消解,并由另外一种更加新的观念取代,将意味着一种新的哲学时代到来。在西方哲学发展史上就是主体形而上学的终结与现代实践哲学的开启。主体形而上学被消解,但主体所代表的人对自由的追求、对尊严的强调和对摆脱束缚获得解放的理想不可消解。将实体化主体与主体本身合

---

① [德]彼得·毕尔格.主体的退隐[M].陈良梅,夏清,译.南京:南京大学出版社,2004:7—8.

理区分开来,厘清二者之间的关系,还主体性观念以公平的对待,才能阐述清楚主体形而上学的困境,寻求人从主体形而上学中解放出来的途径,终结形而上学对人的抽象统治。

二、对资本主体性的哲学批判

马克思对主体形而上学的批判,在其现实性上,就是对资本主体性的批判。理论层面的主体形而上学与现实层面的资本主体性是彼此契合的关系。哲学上对主体形而上学的批判只是对"副本"批判,还需要深入社会现实层面,对"原本"进行批判。社会现实层面的批判就是对资本主义生产方式的批判,也就是对资本的批判。事实也正是如此,现实中,资本的统治逻辑与形而上学的同一性逻辑相对应,马克思的批判是双向同时展开的。

资本的主体性是主体性原则在社会经济领域中确立的,是近代主体形而上学的现实根源。马克思明确指出:"在资产阶级社会里,资本具有独立性和个性,而活动着的个人却没有独立性和个性。"①资本在其本意上是一种物质性生产关系,并无主体性可言。资本的主体性是因为人异化为局部劳动痛苦的承担者,丧失了主体性,资本攫取了吞噬和控制一切非资本物的强制力,其中也包括作为劳动力商品的人,资本反客为主具有了主体性。这是资本和人的双重异化。

针对资本的三重特点,马克思对资本的主体性展开了批判:

(一)对资本自因性的批判

如前所述,主体形而上学使主体成为实体,实体的首要特点在于独立自

---

① 马克思恩格斯文集(第2卷)[M].北京:人民出版社,2009:46.

存,实体的存在不证自明,同时是其他一切事物存在的根据,哲学上也把实体的这一状态称为自因。资本也被赋予了自因性。资本既是自身存在的原因,也是真实存在的,资本抹平了商品的一切差异,实现了对整个世界的通约。资本被赋予了实体的特点,也在现实层面发挥了实体同一性的功能。梅扎罗斯在《超越资本》中描述了资本的自因性,即资本是自身存在的原因和基础,同时也明确指出这种自因是一种不合理的自因。马克思对资本的统治逻辑进行了批判,指出了资本主体性的虚幻性。马克思基于对主体形而上学批判的理论成果指出,主体形而上学同一性的现实社会根源在于资本的同一性逻辑。同一性意味着统治性和强制性,资本在现实社会层面对个人的统治与主体形而上学在理论层面对人的束缚如出一辙。马克思将批判进一步推进,指出只有完成了资本批判,才能实现彻底的批判。

(二)对资本支配性的批判

马克思指出:"资本本质上是生产资本的,但只有生产剩余价值,它才生产资本。"[①]也就是说,资本是可以带来剩余价值的价值,资本追求剩余价值,尽可能多地获取剩余价值是资本不变的秉性。剩余价值生产的奥秘在于劳动力商品的特殊性,货币只有用于雇佣,才能转化为资本,资本作为一种物化的社会关系,在资本主义社会中拥有支配一切的经济权力,尤其是对劳动者的支配。在资本的支配下,个人失去了个体差异,完全被抽象为无差别的劳动力商品,个人的价值被抽象为劳动力商品的价值。人首先是作为劳动力商品而存在,只有作为劳动力商品出售自己的劳动才能获得生活资料,其次才是作为人而存在的。劳动的异化使人必须服从资本的支配,这种支配通过雇佣关系实现,"因为这种交换给资本家提供了对劳动产品的所有权

---

① 马克思恩格斯文集(第7卷)[M].北京:人民出版社,2009:997.

（以及对劳动的支配权）"①，人有限度的独立性和自主性是以资本无限的支配权力为前提，资本攫取了人的主体性。

（三）对资本抽象性的批判

"马克思发现，当生产的目的从直接的使用价值转向间接的交换价值之时，一种'同质化'的抽象力量——资本逻辑就发生了。"②资本在现实社会中发挥了极大的抽象作用，把所有的劳动都抽象和划一为雇佣劳动，只有工人的雇佣劳动才能得到资本的承认，因为资本以追逐剩余价值为己任，而剩余价值生产的秘密在劳动力商品。马克思所说的"现实的人受抽象的统治"，这里的抽象就是资本。资本不仅本身是价值的最高抽象形式，也发挥着抽象的作用。资本之所以能成为抽象的统治力量，与资本的特点有关。"'抽象'本来只是为了标示诸种感性活动之感性结果之间的同一性，以便确立商品的一般交换价值，但现在它却成了主体，其他事物反而成了它的客体，成了被它所构造的东西，这就是'资本原理'——抽象成为统治。"③

资本主义生产关系就是形而上学借助资本实现对人的抽象统治。在马克思生活的时代，人不仅在头脑中制造出了一个统治力量——主体形而上学，还用双手制造出了另一个统治力量——资本。二者都遵循形而上学的统治逻辑。

---

① 马克思恩格斯全集(第30卷)[M].北京:人民出版社,1995:267.

② 贺来,白刚."抽象对人统治"的破除与马克思的现代性批判[J].马克思主义哲学研究,2009(00).

③ 贺来,白刚."抽象对人统治"的破除与马克思的现代性批判[J].马克思主义哲学研究,2009(00).

第三章　资本主体性的消解

资本主体性生成的过程与资本的产生是否同源,或说资本是否一经产生就体现出作为主体的支配力呢? 按照马克思主义理论,资本的本质属性是增殖,实现增殖是货币转化为资本的必要条件,而增殖必须经过生产环节,工人的生产劳动是价值的唯一来源,工人的生产过程既是价值产生的过程,也是价值实现增殖的过程,这是马克思剩余价值学说已经指出的。在生产环节,资本已经实现了对工人和生产资料的支配,也通过支配剩余价值实现了增殖,因此已经体现出了其主体地位。可以说资本一经产生,就体现出了主体性,资本发挥作用的过程,也就是资本行使支配权的过程。既然如此,资本主体性的消除,也必然和资本的消除是同一个过程。

资本与资本主体性是一种共在关系,资本存在的前提,也就是资本主体性存在的前提。资本主义私有制是资本存在和发挥作用的制度基础,要从根本上消除资本,要依赖于所有制形式的变革。在资本主义私有制度的条件下,资本和劳动者之间的关系被合法化,货币与劳动者在雇佣关系中建立起的这种特殊的联系造就了资本,也赋予了资本的支配地位。

一、资本扩张的界限与资本主体性的自我消解

资本主体性以资本为载体,以资本的存在为前提。马克思认为,资本的存在具有历史性,资本将随着自身的发展而自我消解。资本消解的动力首先来自资本内部,资本因其自身包含的悖论,不可避免地要走向终结。

(一)资本扩张的时空界限

资本增殖需要在时间和空间中进行。资本要实现无限增殖,就需要突破一切限制,资本为了增殖与时空合谋,同时也受到了时空有限性的限制,这是资本发展不可抗拒的悖论之一。

资本依靠剩余价值实现增殖,价值可以通过时间来衡量,剩余价值量可以转化为剩余时间来计量。资本与时间的关系就在于,通过增加剩余时间来增加剩余价值,以达到增殖的目的。单个工人作为自然人,劳动时间是有限的,资本要无限增殖就要突破时间的限制。资本家要么直接延长工人的劳动时间,要么通过改进生产技术和设备,变相延长劳动时间,也可以通过工人轮流工作的方式,打破单个工人劳动时间的限制,当上述方式都达到了最大化后,资本还可以利用空间来进一步突破时间的限制。例如,扩张生产的空间,扩大生产规模,让更多的工人参与到生产当中,也能起到增加剩余时间的作用。"从空间方面增加更多的同时并存的工作日,才能超越一个人的活的工作日所形成的自然界限。"① 在此方面,空间作为辅助因素,被用来扩展时间。

资本也可以直接通过突破空间的界限以寻求增殖。突破空间的界限体现在流通环节。存在于商品中的剩余价值要通过流通环节才能实现,即只

---

① 马克思恩格斯文集(第8卷)[M].北京:人民出版社,2009:84.

有当商品卖出去了,剩余价值转化为货币,资本增殖才能实现。因此,商品是否能够实现交换,不仅关系到资本家的命运,也关乎资本的命运。为了扩大销路,资本家不断奔走各地,资本打破地域、民族乃至文化的界限,将整个世界都联系到一起,整个世界都被纳入资本主义商品经济当中。

经济全球化是资本突破地域限制的一个必然结果。经济全球化首先是从贸易全球化开始的,资本家突破空间范围是通过开拓世界市场开始的,世界市场的开辟发掘出更多的需求,需求带来了更多的生产,生产和消费的良性互动,为资本增殖创造了更好的条件。随着贸易全球化的深化,生产可以在更大的范围内进行,生产原材料、雇佣劳动力、投入生产的环节,都不再局限于某一个地区,而是在全球范围内协作进行。生产的全球化不仅降低生产的成本,也能够提高产品的品质,使得商品更容易销售出去。资本对空间的有效利用还体现在金融和企业组织管理形式上,金融产品和金融活动打破地域限制在全球范围内流通和进行,企业也普遍采取跨国经济管理的模式。经济全球化已然成为经济发展的主要趋势,虽然目前存在逆全球化的现象,但全球化不可逆转。

资本通过经济全球化突破了时间的限制,空间距离的扩大使得商品从生产到销售之间耗费的时间更多,空间的扩展增加了资本回流的时间。流通时间与资本的生产力直接相关,资本必须尽可能缩短流通时间,这就使得资本在时间和空间的矛盾之中徘徊。资本为了争取更多的时间而拓展了空间,空间拓展又浪费了时间,时间和空间与资本增殖之间的矛盾,使得资本发展乏力,成为资本发展的界限。

(二)资本扩张的信用界限

资本在最大限度利用空间的同时,要解决时间损耗的问题。信用体系就是一种解决的方案。但利用信用体系,只是暂时解决了矛盾。金融危机的爆发,就证明了这一方案不可能一劳永逸地解决资本发展所面临的界限,资本必然走向终结。

资本流通需要经历生产的整个过程,流通的过程结束后,资本才能实现增殖,其中生产和流通两个环节之间相对分离,资本回流后再次投入生产,生产环节才能启动,且流通有诸多不确定因素,资本很可能在短时间内无法回流。那么如何能够不受回流时间的影响,尽可能使得生产不停滞呢?资本家发明了信用工具。资本消除生产中断的工具就是信用。"资本的必然趋势是没有流通时间的流通,而这种趋势又是资本的信用和信用业务的基本规定。"①资本家可以通过借贷获得资本,不必等待自己投入生产中的资本回流就可以继续生产,保证了生产的连续性,这可以说弥补了因空间扩大而带来的时间的损耗。

不仅如此,信用也有助于促进消费,从而有利于资本积累。马克思指出,资本主义的固有矛盾必然导致生产相对过剩,即贫困的大众没有能力进行消费,信用工具可以暂时解决这一问题。贫困的大众可以通过信贷获得金钱,用于购买商品,从而解决了商品无法销售的问题。信用工具既保证了生产不中断,也保证了消费不中断,和资本增殖的目的十分契合。

信用工具最初是作为辅助工具为生产和销售等环节服务的,随着信用工具的发展,一些金融产品被发明出来,这些金融产品本身就作为商品进行销售,直接为资本带来增殖,资本发展出了新的形式即金融资本。然而,信用工具不能完全解决商品经济自身的矛盾,而是使得这些矛盾以隐蔽的形式愈加强化。

首先,信用涉及多个环节,是一个复杂的链条,一旦其中一个环节中断,信用体系就会崩塌,尤其是金融资本出现后,资本家被资本无限获利的意图

---

① 马克思恩格斯全集(第31卷)[M].北京:人民出版社,1998:51.

驱使,不顾金融衍生品存在的巨大风险,任由其不断膨胀,最后导致金融危机。美国次贷危机引发的全球金融危机便是如此,金融危机给金融资本带来了毁灭性灾难,2008年美国金融危机的爆发直接导致了美国著名投资银行雷曼兄弟银行破产。金融危机进一步影响实体经济,导致全球经济进入衰退期。

其次,资本家借贷的初衷是不受消费的限制去组织生产,保证生产的连续性,从而保证剩余价值生产不中断。这一手段将生产和消费隔绝开来,资本家专注生产而忽视消费。在信用工具的扶持下,资本家进一步扩大生产,加重了生产社会化和资本家个人有组织生产之间的矛盾,产品相对过剩的情况会相应加重。马克思指出,资本主义经济危机是一种产品相对过剩的危机,这一危机是资本主义基本矛盾的必然结果,而货币的资本化加大了经济危机发生的可能。

再次,股份制这种企业组织形式出现后,分散的私人资本被聚集起来,资本的所有权和使用权相分离,资本呈现出一种社会资本的形态,其中包含"资本所有权的潜在的扬弃"①。股份制这种生产资料所有制蕴含着脱离资本主义私有制,由联合起来的生产者组织生产,包含着新的生产资料所有制产生的可能。马克思指出:"一方面,把资本主义生产的动力——用剥削他人劳动的办法来发财致富——发展成为最纯粹最巨大的赌博欺诈制度,并且使剥削社会财富的少数人的人数越来越减少;另一方面,造成转到一种新生产方式的过渡形式。"②

最后,金融危机发生后,资本主义国家不得不采取一些措施挽救,例如2008年美国金融危机发生后美国就采取了救市行为,由政府出资收购濒临破产的金融企业,以缓解金融危机的冲击。此种方式是生产资料公有制的

---

① 马克思恩格斯全集(第25卷)[M].北京:人民出版社,1974:498.
② 马克思恩格斯文集(第7卷)[M].北京:人民出版社,2009:500.

一种形式,虽然在资本主义国家目前的所有制中不是主要的形式,但足以证明,资本主义固有矛盾将推动资本主义生产资料私有制向共产主义的生产资料社会共同占有的形式转变。

综上可见,资本借以维持自身的手段,包含着消灭资本的力量。资本作为一个历史性存在,终将退出历史舞台。资本及其主体性同时间、空间和信用体系之间有着深刻的关联,资本在时间、空间和信用体系方面采取手段,突破自身发展的界限,然而"这些限制在资本发展到一定阶段时,会使人们认识到资本本身就是这种趋势的最大限制,因而驱使人们利用资本本身来消灭资本"①。

虽然时间、空间以及信用体系与资本消解相关,但资本的消解并非要把生产的时间和空间因素都一并消解。共产主义作为资本消解的制度基础,只是切断了生产的时间和空间同资本之间的联系,使得他们在新的形式、作用和性质上继续发挥作用。

(三)资本扩张的自然界限

马克思和恩格斯都曾论述过自然和人的辩证关系。从人类发展史角度看,自然界先于人而存在,人是自然界孕育出的特殊的存在者,人和自然之间有着无法割裂的联系,资本扩张依赖人,同时需要从自然界中获取生产资料,这些都使得资本、人、自然之间产生了深刻的关联。

一方面,工人是以自然人的状态存在的,自然人的有限性成为资本扩张的界限。在资本主义生产过程中,劳动的主体是自然人,劳动力的使用以自然人的存在为前提,而自然人的脑力、体力乃至生命都是有限的,这就使得单个工人的劳动时间及能够创造出的价值是有限的,这与资本无限增殖的

---

① 马克思恩格斯全集(第30卷)[M].北京:人民出版社,1995:390—391.

要求相矛盾。即便资本通过增加工人的数量等方式突破这种限制,但毕竟在总量上还是有界限的。只要参加生产的是有血有肉的工人,资本由于工人自然特征所遇到的界限就是不可避免的。

另一方面,自然界的承载能力是有限的,自然界的有限性成为资本扩张的界限。资本增殖离不开自然界,资本以不变资本的形式被投入生产当中,换取生产资料和生产工具,再将他们同劳动力相互结合,产出剩余价值。虽然资本增殖从根本上来自工人的劳动,但没有生产资料和生产工具,劳动力的作用再大也无从施展。生产不断地从自然界中获取自然资源,出于牟取暴利的目的,资本并不顾及生产对自然界的影响,过多和不合理地使用自然资源以及不节制地将生产的废弃物投入自然,都对自然界造成了不可逆转的损害。工业化时代是资本主体力量无限膨胀的时代,资本借助资本家毫无节制地榨取自然,最终导致了生态危机。可以说,工业化所带来的现代化是以牺牲生态环境为代价的。随着生态危机爆发出来,人们才开始意识到自然界的有限性,自然界的承载能力是有限的,只有保持良好的人与自然的关系,人类社会才能不被反噬。资本无限扩张的本性与自然界有限的承载能力之间存在着深刻的矛盾。资本要维持生命就不得不服从自然规律,使自己的活动保持在自然界允许的界限之内。

二、资本主体性消解的制度基础

共产主义在资本主义基础上发展而来,二者根本区别在于生产资料所有制形式不同,共产主义"在协作和对土地及靠劳动本身生产的生产资料的共同占有的基础上,重新建立个人所有制"①。

---

① 马克思恩格斯文集(第5卷)[M].北京:人民出版社,2009:874.

　　资本主体性的根基是资本主义私有制,即资产阶级占有生产资料的私有制形式。资本主体性的生成、强化和消亡,是在资本主义私有制前提下展开的客观进程。马克思的深刻洞见提示我们,既不能无视资本主体性的膨胀无所作为,也不能通过强行消除资本来消除资本主体性。资本主体性的扬弃有其内在规律,马克思对资本主体性的内涵、生成机制、表现及发展逻辑的阐释已然指出了资本主体性扬弃的道路。

　　与古典政治经济学家假设资本主义制度永续存在并停留于对经济现象的分析不同,马克思透过经济现象揭示出资本主义社会经济现象的深层根源在于资本主义私有制。要解决资本主义社会的经济问题,在根本上要诉诸所有制形式的改变。要彻底扬弃资本主体性,自然也是要通过扬弃资本主义私有制的方式来实现。

　　资本主义私有制是历史发展的必然产物。马克思指出,资本是一种生产关系,这种生产关系是以旧有生产资料占有形式的解体为基础的。"这种历史上的解体过程,既是把劳动者束缚于土地和地主而实际又以劳动者对生活资料的所有权为前提的农奴制关系的解体,因而这实质上是劳动者与土地相分离的过程;也是使劳动者成为自耕农、成为自由劳动的小土地所有者或佃农(隶农)、成为自由的农民的土地所有制关系的解体(公共所有制和现实共同体的更古老形式的解体,就不用说了);也是以劳动者对劳动工具的所有权为前提的、并且把作为一定手工业技能的劳动本身当作财产(而不仅仅是当作财产的来源)的那种行会关系的解体;同样也是各种不同形式的保护关系的解体。"①旧有生产资料占有形式解体的核心在于,劳动者对作为生产资料的土地的占有关系被打破,分散的土地集中到新的占有者手中,这一占有者也因此成了特殊的群体,即资本家。随着旧的生产关系的解体,资

---

① 马克思恩格斯全集(第30卷)[M].北京:人民出版社,1995:496.

本家掌握了生产资料,也积聚了大量的货币财富,加上因失去生产资料而被制造出来的自由人,就具备了建立一种新的生产关系的条件。资本家使用货币雇佣自由劳动者,建立起雇佣关系,使得劳动者同生产资料相结合,进行生产,实现了资本家获利的目的。为了使这一新兴的生产关系得以稳定且长久地延续,资本家必然要谋求政治地位,通过政治手段来使这一生产关系合法化,资本主义政权的建立是必然结果。马克思在其写于1847年的一篇名为《道德化的批判和批判的道德化》的文章中,表达了"政治直接属于财产"的观点。马克思认为,资产阶级建立政权,是为了通过政治手段来维护自身的财产关系,表明了政治权力和财产之间的关系。在马克思看来,"资本主义酝酿出宰制人的资本权力,也正是资本权力从根源上造成人们丧失自由"①。因此,资本主义制度的核心,在于其所有制形式,而不论是资本主义私有制还是资本主义政权,都要符合资本的诉求,即维护资本增殖的权力。

相比以前的所有制形式,资本主义私有制下的分工更加细化,生产力快速发展,财富激增,但同时资本主义私有制也催生出了资本主义社会的诸多矛盾。资本主义社会的内在矛盾已经包含了新所有制的胚芽,生产力的发展终将冲破资本主义生产关系,资本主义生产资料私有制将自我消解,自然过渡到新的更加适合于生产力发展的所有制形式。对此马克思写道:"资本转化成的普遍社会力量同单个资本家对于这些社会生产条件的私人权力之间的矛盾越来越触目惊心,并预示着这种关系的消灭,因为它同时包含着把物质生产条件改造成为普遍的、从而是公共的、社会的生产条件。"②

恩格斯在《社会主义从空想到科学的发展》中概括道,资本主义社会的

---

① 缪燚晶.国家、资本与革命:马克思权力观的关键话语[J].理论导刊,2022(04).
② 马克思恩格斯全集(第32卷)[M].北京:人民出版社,1998:501.

基本矛盾在于"社会化生产和资本主义占有之间的矛盾"①。资本主义生产方式使得掌握生产资料的单个生产者各自组织生产,缺乏对市场需求的整体把握,使得社会生产处于无政府状态。社会化生产和资本主义占有之间的矛盾进而具体表现为"个别工厂中生产的组织性和整个社会中生产的无政府之间的对立"②。生产的扩张总是快于市场的扩张,个别企业的有组织生产同社会中生产的无政府状态之间的冲突日渐尖锐,直至发展到无法相容的地步。资本主义生产方式已经无法驾驭其催生出的生产力,资本主义国家陷入经济危机的恶性循环。

资本主义经济危机是资本主义生产方式内在矛盾的结果,也是其外在表现。它表明"一方面,资本主义生产方式暴露出它没有能力继续驾驭这种生产力。另一方面,这种生产力本身以日益增长的威力要求消除这种矛盾,要求摆脱它作为资本的那种属性,要求在事实上承认它作为社会生产力的那种性质"③。猛烈增长着的生产力反而导向了与资本增殖相反的结果,逼迫着资本主义社会采取计划生产的手段,资本主义社会的代表——国家也不得不承担起管理社会生产的责任。换言之,经济危机逼迫着资本主义国家采取计划生产和生产资料国家占有的形式,这些改变不能从根本上解决资本主义矛盾,也并没有动摇资本主义生产方式,但其中已经表现出了生产方式变革的趋势和线索。

资本主义生产方式最终导向了生产资料社会占有这一新的占有形式,这是一个符合规律的必然进程。在生产力发展的必然趋势下,生产的无政府状态将结束,社会生产将以社会总体和每个成员需要为依据进行有计划的调节,资本主义生产资料的占有方式将被新的占有方式取代:"一方面由

① 恩格斯.社会主义从空想到科学的发展[M].北京:人民出版社,2018:66.
② 恩格斯.社会主义从空想到科学的发展[M].北京:人民出版社,2018:68.
③ 恩格斯.社会主义从空想到科学的发展[M].北京:人民出版社,2018:72.

社会直接占有,作为维持和扩大生产的资料。另一方面,由个人直接占有,作为生活资料和享受资料。"①最终促成这一变革完成,还需要无产阶级的作用。无产阶级占有国家政权,将生产资料变为国家财产。随着生产资料公有制的确立,商品生产被消除了,资本也将不复存在,资本家的社会职能被解除,工人作为资本增殖工具的属性也将彻底消除。这就是资本主体性得以扬弃的内在逻辑。

毫无疑问,马克思对资本的主体性持有批判态度,其所阐发出的资本主体性扬弃的道路是符合社会历史发展规律的。马克思指出:"无论哪一个社会形态,在它所能容纳的全部生产力发挥出来以前,是决不会灭亡的;而新的更高的生产关系,在它的物质存在条件在旧社会的胎胞里成熟以前,是决不会出现的。"②当前阶段,人类社会尚未到达马克思所预见的所有制得到根本变革的时代,资本所能容纳的生产力尚未完全发挥出来,资本主义私有制仍然有生存的空间,马克思的资本主体性批判理论在当代的意义体现在,引发我们思考如何辩证地看待资本,引导我们正确地使用资本,以及在合理使用资本的同时,尽可能降低资本主体性的负面作用。

我国自改革开放以来也承认和使用了资本,在发展市场经济的过程中,资本已然成了重要的元素被广泛接纳和使用,发挥着越来越多的作用。中国特色社会主义市场经济的"特色"源于所有制形式的特殊性。这种形式为资本的存在提供了条件,同时这种所有制形式也使得中国特色社会主义市场经济体现出自身的优越性,为驾驭资本力量、规避资本主体性的负面作用提供了更多的空间。

---

① 恩格斯.社会主义从空想到科学的发展[M].北京:人民出版社,2018:75.
② 马克思恩格斯选集(第2卷)[M].北京:人民出版社,2012:3.

三、资本主体性消解的革命力量

资本的主体地位与工人的自由之间是相悖的,消解资本也就是消除其作为主体的支配力。"资本作为资本主义社会的普遍现象,是解开资本主义剥削之谜、探索人类解放之道的密钥。"①在马克思的理论中,革命是无产阶级改变现实的主要手段,无产阶级通过成为革命的主体,发动无产阶级革命,打破资产阶级的统治,将资本依托的生产关系消解,资本也就丧失了支配人的权力,随着资本主体地位消失,人的主体地位真正确立。

资本的属性使得它必然与工人相对立。资本的产生和工人作为无产者的诞生是同一个过程,自从资本来到世间就同工人对立起来。资本与工人的这一关系使得资本并不关心工人作为人存在的这一面,只是关心其作为生产工具而存在的一面。资本不关心工人生死,只关心工人的可延续性,后者与前者不同,单个工人因为过度劳动而退出劳动力市场,还会有新的劳动力补充进来,因而资本并不真的关心单个工人的状况。工人的整体性存在是无产阶级,在无产阶级群体中,工人相互之间感同身受,资本通过其人格化身——资本家对工人的冷酷压榨会导致整个无产阶级的愤慨,使他们奋起反抗资本和资本家的压迫,成为资本及资本主体性消解的革命力量。

随着资本主义的发展和工人的抗争,资本家开始采取一些温和的手段缓和自己和工人之间的关系,例如建立职工代表制度、让职工持股、提高福利待遇等,在一定程度上淡化资本对工人劳动力的压榨。不可否认,当代资本家和工人之间的关系有所缓和,然而资本借助资本家通过占有工人剩余价值的事实没有改变。资本家缓和劳资关系,并非出于对工人生存状态的关注,也非人道关怀,而是要麻痹工人,削弱工人的斗志,让工人更加自愿地

---

① 缪燚晶.国家、资本与革命:马克思权力观的关键话语[J].理论导刊,2022(04).

为资本家创造财富。资本主义财富的巨大增长却伴随着贫富差距的持续扩大,这也就证明了资本主义的本质并未改变。随着资本形式的多样化及资本权力侵占的广泛化,资本对人的控制也呈现出形式多样化和隐蔽化的趋势。工人工资的增加和待遇的提高,并没有改变工人被资本控制的实质,资本将人工具化的手段越来越隐蔽,效果却没有降低。工人享受的一切优待都要以工人为资本家工作、为资本创造财富为前提,工人受到的优待掩盖了一种隐性的被迫。资本的狡黠越发明显。

生产劳动作为工人的主体性活动,同时也是工人的去主体性活动,促成了资本主体性。不论是资本家对工人的直接剥削,还是资本主义固有矛盾所引发的经济危机,给工人带来的苦难,都将促使工人走上反抗的道路。当资本与工人之间的矛盾尖锐化,即不断强化主体地位的死劳动对活劳动的支配愈发严重,工人反抗的自觉性和意愿便愈加明显,他们被迫联合起来,要改变生产力为统治阶级服务的状况,从而让生产力和财富为全社会服务。革命是工人反抗的主要方式,工人的革命运动是资本主义社会向共产主义社会过渡的重要手段。

若资本正处于蓬勃发展的时期,工人则容易受到物质的麻痹,丧失批判精神。马尔库塞在《单向度的人》一书中表达了这一观点,生产力的发展和物质财富的丰富,像是麻醉剂,让人沉醉于物质享受,变得顺从,失去批判意识。资本主义先进的工业因而具有了意识形态的作用。正因如此,在当今时代,我们更应客观冷静地看待资本,不忘马克思资本批判的警示,合理对待资本。

根据唯物史观的基本原理,私有制会随着社会生产力的发展而产生,也将以生产力的发展为基础得以消亡,这是历史必然。相比于原始社会、奴隶社会和封建社会,资本主义社会使生产力得到了飞速且巨大的提升。但是当生产力发展到一定高度的时候,财富的分配方式成为比物质增长更为重要的议题。在资本主义社会中,随着生产力的不断发展,资产阶级对无产阶级剥削的程度越来越大,同时资产阶级内部互相竞争吞并资本,部分资产者变成无产者,由此无产阶级和资产阶级之间的矛盾越来越激化,生产力的发展受到严重阻碍。当阶级矛盾发展到无法化解时,无产阶级会反抗并推翻资产阶级的统治,建立一种新的社会制度——共产主义。共产主义社会以生产资料公有制为基础,社会资源公平分配。在共产主义社会中,劳动者的劳动所得归自身所有。劳动者可以进行自愿分工,可以使劳动为自身的发展服务;劳动者可以遵循自身意愿,进行具有个性和创造性的活动,可以学习和发展多方面的知识和技能,实现全面发展;劳动者作为一个整体有着共同的利益,劳动者们互相协作、和谐相处。

综上所述,工人阶级通过工人运动从外部推进了资本主义向共产主义过渡的进程,共产主义社会通过消除生产资料的私人占有和劳动的自然分工,消解了资本存在的基础,资本的主体性支配地位也将随之消失。

第四章　共产主义的主要价值观

本书主要基于马克思和恩格斯经典论述,即以经典马克思主义理论为依据提炼共产主义价值观的基本内容,将共产主义价值观同社会主义核心价值观区别开来,针对前者进行研究,尽量贴近马克思和恩格斯的原著,同时由于笔者研究能力有限,暂且从自由、平等、和谐和共同富裕四个方面阐述共产主义价值观的主要内容。

一、自　由

在漫长的历史进程中,人类从未停止对自由的追寻。马克思对前人自由思想进行了批判,得益于实践哲学的创立,马克思对自由进行了新的阐释,形成了新的自由观,对世界的发展和人们对自由的认知产生了无比深远的影响。

(一)共产主义与自由内在统一

共产主义是人类社会未来发展的必然趋势,承载着人们对未来社会一切美好构想,是共产党人最高的社会理想。对于自由的追求和对于共产主义的追求在历史发展的进程中逐渐交汇和融合,共产主义和自由的内在一致,使得共产主义成为自由发展的最终归宿,自由的实现也相应地成了共产主义的题中应有之义。

基于自由和共产主义观的基本内容可知,二者的一致性体现在如下四个方面:

第一,共产主义是自由实现的制度基础。自由是有限的且有条件的。作为社会主体,人不能脱离社会单独存在。所以研究人的自由问题需要结合社会条件与社会发展规律来进行。共产主义作为一种社会制度,能够为人自由而全面发展提供社会条件,人自由而全面发展相应地也是共产主义的价值追求。

马克思之前的思想家大多脱离社会制度,抽象地谈自由,他们关于自由的设想也因此成为超越现实的空想,虽然也形成了一些经久不衰的自由理论,但是因脱离现实的制度环境而缺少实现的基础。在马克思的自由观下,真正的自由体现在现实的、具体的生活中。因此要切实地实现自由,就必须要有充分的制度基础,进一步说,现实的人只有构建起能够实现真正自由的制度时,才能实现真正的自由,而这一实现自由的制度就是共产主义。每个人都可以在共产主义社会中自由而全面地发展并各取所需,完全摆脱物质生活要求对人的自由实现的束缚。每个人都享有自由发展的权利,每个人都占有自由的时间,每个人的自由发展不再损害他人的利益。总之,共产主义的实现会使得人的自由实现在制度方面具有坚实的现实基础。

第二,对自由的追求推动共产主义的实现。自由作为一个永恒的话题贯穿于人类历史的发展进程中,人类也从未停止追求自由的脚步。马克思认为,实现自由的手段是劳动,而劳动并不是一种简单的谋生手段,人们总是希望通过劳动实现自我价值,实现自身自由而全面的发展,资本主义私有制下的异化劳动状况并不能发挥其促进自由而全面发展的作用,在资本家掠夺剩余价值并实现资本积累的前提下,劳动者必然无法获得自由。共产主义的终极价值追求正在于让每一个人公平地享有自由而全面发展的条件,只有具备了共产主义的制度条件,自由目标才能真正实现。因此,人们对自由的不懈追求将坚定人们的共产主义理想,促使人们更加积极地进行共产主义运动,从而推动共产主义的最终实现。

马克思主义认为,共产主义的实现将经历两个阶段,即低级阶段和高级阶段。其中,低级阶段是社会进行资本积累、技术进步、文化沉淀的必要阶段,是通往高级阶段实现自由全面发展的必要环节。高级阶段以低级阶段为基础,是一种消灭剥削、消除压迫的理想社会。基于以上理论,共产主义不是一蹴而就的,它是一个不断运动、发展并完善的过程,是在前人的基础上自发进行改造的漫长过程。综上所述,共产主义社会既是现实的,又是处于运动过程中的。共产主义的运动过程是具体的:其一是因为共产主义是基于实践逐渐形成的,因此只有在具体的、现实的运动过程中才能充分体现其科学性;其二在于共产主义实现的过程包含无产阶级运动的过去、现在和将来,所以作为社会制度的理想状态,共产主义社会是具体的、现实的、运动的过程。

第三,共产主义是实现自由的终极选择。马克思认为,在资本主义社会,工人缺乏自由的一个表现是异化劳动,异化劳动是存在于资本主义生产条件下的一种特殊的现象,资本主义私有制是其产生的原因。资本主义生产资料所有制同以其为基础的雇佣关系,导致劳动发生异化,劳动的异化反过来又巩固了资本主义生产资料所有制,二者之间相互作用,因此要想真正实现自由,就必须打破资本主义生产资料所有制,消除劳动异化。资本主义生产资料私有制是资本主义制度的根基,消除资本主义私有制也就意味着资本主义制度的消亡。而共产主义运动的积极形式就是打破私有制,消除劳动异化,彻底改变资本奴役人的状态,使得人们能够真正成为生产的主人,能够实现对生产资料的真正占有。在这种状态下,劳动不再是奴役人的手段,也不再是人们生存的手段,劳动成了人们展示自身体力和脑力的方式,人们可以在生产过程中获得平等、自由和快乐。因此,只有共产主义才能真正实现自由,共产主义是实现自由的终极选择。在共产主义社会中,人们的才能可以得到充分地展现,从根本上满足了人们对自由的向往和追求。

第四,自由思想是实现共产主义的精神指引。马克思自由观不仅阐发了自由的内在规定,也阐发了共产主义在实现自由目标上具有的不可替代的作用。就此而言,追求自由与追求共产主义是同一个过程,在实现共产主义的道路上,自由理念能够为人们提供强大的精神动力。马克思对于共产主义的科学设想,目的不单单在于让人们意识到现状的不完美,更是激励人们以理想为目标不断努力变革现状。马克思从实践的角度深刻阐明了他对于自由的理解,正是在这种自由观和自由理念的指引之下,人的活动更加具有了朝着共产主义实现的目的性和自觉性,人也更加具有了实现共产主义的主动性和积极性。也正是在这种对自由的渴望和信念的支撑下,人们对共产主义的信仰无比坚定,相信共产主义在未来的某一天一定会实现。在未来的共产主义社会,自由平等的生产者将联合起来,每个人的自由将成为社会的基本原则。

(二)资本主体性与资本主义社会的虚假自由

政治经济学批判是马克思主要的理论工作。而自由作为马克思思想体系的核心,在政治经济学批判中占据重要位置。马克思把自由问题与资本批判相结合,将哲学视角与政治经济学视角相结合作为自由观的整体视角,深化了对自由的解读,阐发了资本主体性与自由的辩证关系。

一方面,马克思对资本主义制度下的自由予以了肯定。一是自由竞争是资本运动的核心,自由竞争体现在资本主义发展的全过程。从历史作用上看，自由竞争替代了传统的等级关系，促进了商品的自由流通，人的物质需要得到了满足，从而提高了人的自主性，人们拥有了更多的物质条件，对人自由解放具有推动作用。二是资本的发展增加了人们的自由时间，扩大了人们的自由空间。资本主义用不到一个世纪的时间创造的生产力比之前人类史总生产力还多，在这样的背景下，人们在资本欲望的驱使下不断探索自然界，开拓新领域，创造出可以发展和解放生产力的生产工具和生产技术，充分发挥了人的本质属性。随着财富逐渐增多，人们一定程度上减少了物质需要的困扰，拥有了更多物质条件，让自由属性得到一定展现。

另一方面，马克思指出了资本主义制度下自由的局限性。资本主义自由不是人类自由解放的最终方式。一是资本主义自由只是形式上的自由。资本主义自由观的物质基础是每个个体可以自由交换商品，自由地追求自身所需要的，不受任何外界干扰。但事实上，资本主义社会在发展中出现的贫富两极化、社会犯罪事件频发、劳动力商品化等现象，都与资本主义自由观念背道而驰。而资产阶级为维护自身利益，打着自由的旗号，用意识形态控制被统治阶级，使得自由只是表面理想化的自由。二是资本主义私有制是限制自由的根本原因，在私有制下人无法得到真正的自由。因为在私有制条件下生产的目标是资本最大化，随着交换的价值超出衡量商品价值的范围，人的劳动能力也可以被货币所衡量，当劳动者只有自身的自由时，迫于生计就会在市场上出售劳动力，也就出现雇佣劳动的现象。而在资本主义私有制条件下，资本家为尽可能实现资本积累，往往会选择压榨劳动者的工资，增加劳动时长，但这并非劳动者自身的意愿，使劳动陷入异化，无法实现真正自由。

共产主义将通过消解资本把劳动从资本的统治下解放出来，从资本主义雇佣关系中释放出来，回归自由自觉的状态。自由劳动的实现将推动人的本质不断丰富，从而推动人的自由发展。时间是人发展必不可少的因素，时间的充裕为每个人自由发展提供更大的空间，从雇佣关系中释放出大量的必要劳动时间，将转化为自由时间，为人的生命活动服务，自由支配时间，按照人的真实需要展开的自由劳动，将推动人的自由而全面的发展的实现。马克思主义追求的自由目标正在于实现每个人的自由而全面的发展。

马克思认为，人和劳动之间具有共生的关系，人是作为劳动的主体而产生的，劳动是人与生俱来的一种本质性活动。一旦人开始生产劳动，人便开启了人类历史。正如马克思在《1844年经济学哲学手稿》中讲到的，劳动的差异决定了人和动物的差异，动物的活动局限于它所从属的那个物种的尺度，而人的活动则不同，并不局限于自身的尺度，人可以在其他不同种的尺度上进行活动，"有意识生命活动"的这种广泛性使得人与动物区别开来，具备了更高的能动性和创造性。人的这些特性使得人能够成为自己生命活动的主体，而这种生命活动也孕育了人的主体特性。上述观点不仅说明了劳动是人的本质性活动，也表明了劳动与人的生成和发展的内在关系。

在此基础上，马克思从反面阐述了劳动对人的主体性的重大意义。马克思通过异化劳动理论明确地表达了异化劳动会导致人的主体性的丧失。在这里，让我们概要地回顾马克思的异化劳动理论。基于劳动与人的本质之间的内在关联，马克思提出人的类本质是自由且自觉的劳动，以此为理论基础，考察了工人的现实劳动过程，提出了工人劳动发生异化的结论。首先需要界定异化的基本内涵。异化与"对象化""外化"内在关联。劳动的对象化，指主体通过劳动创造劳动产品，将主体的规定性物化在客体当中，主体规定性被物化为劳动产品，就此而言，劳动产品应归属主体，此为劳动对象化。对象化是外化的一个环节，对象化仅仅是主体本质力量物化为劳动产品的过程，外化还包括了主体在规定性物化后又回归主体的过程。"异化劳动"即"劳动异化"，包含劳动外化的含义，同时更加强调外化的产物即劳动的产品并未回归主体，而是与主体对立，成为支配、约束、压迫主体的力量。

异化劳动与劳动的自由自觉状态相悖,即与人的本质规定相悖,这是"异化劳动"的基本内涵。

通过观察工人的生产劳动,马克思认为,资本主义生产中劳动发生了异化。

首先,异化劳动表现在劳动产品方面。在资本主义制度下,资本家占有生产资料并"合法"地获得了产品的所有权。工人不能直接占有劳动产品,为了获得劳动产品,工人不得不更加卖力地为资本家工作,赚取工资去购买自己的劳动产品。这就使得劳动产品的数量和质量都不能直接为工人自身的发展服务。劳动产品的增加反而成了工人的一种负担,更多地耗费了工人的精力和体力,成为一种异己力量。

在资本主义制度下,工人生产的速度越快,创造的产品越多,工人的工资就越低,能够获得的物质产品就越少。就此马克思总结道,物的世界的增殖同人的世界的贬值成正比。如果说在异化劳动理论提出时,马克思还只是通过观察总结出了这一结论,在后来提出的劳动价值论中,马克思则清晰地论证了社会生产率与劳动力商品价值量成反比,通过政治经济学研究证明了异化劳动理论。因此,资本家雇佣劳动者创造出的价值越大,劳动者被剥削、压迫的程度就越大,与劳动者相对立的力量、否定他的力量就越大,劳动者就越贫穷,即劳动产品与劳动者的异化程度越高。

其次,异化劳动表现在劳动活动本身。在资本主义制度下,劳动者为了获得生存资料,为了维持生命延续不得不劳动,这里所说的劳动不是一般意义上的劳动,而是资本主义制度下的雇佣劳动。雇佣劳动得不到劳动者的自我肯定,由于社会分工程度提高,劳动者很难根据自身的兴趣爱好选择职业,因而劳动者的职业认同感很低,工作积极性很差,异化劳动几乎遏制了劳动者的积极性和创造性。这种劳动并非自觉自愿进行,而是被迫进行。劳动者的感受不是幸福,反而是痛苦,劳动者身心疲惫。劳动本身与劳动者相异化,成为异化劳动的又一个直观表现。

再次,异化表现在劳动者的类本质方面。马克思使用类本质概念来表达人的特殊性,并指出人因其进行的自由且自觉的劳动而使自身区别于其他动物,这即人的类本质。人的生命活动不是单纯意义上的肉体生活,而是具有意识的生命活动,具有丰富性、价值性,即人的类生活。

劳动本应是人发挥自觉能动性并自愿从事的活动,人在这种活动中发展自身,充实自己的类本质。但是在资本主义制度下,劳动的性质发生了改变,变成了人赖以生存的手段。劳动者为谋生计而劳动,表面的自由掩盖了不自由的实质,工人从事的雇佣劳动是以损失实质自由为条件的劳动。这里损失的自由不仅表现在劳动时间和劳动场所受到限制,还包括劳动者主动性、创造性的降低,即精神自由度的降低。伴随着被动而重复的劳动,人的特性逐渐被损耗,人变得和动物相似,人不再是真正意义上的人,即劳动者和劳动者的类本质相异化。

最后,异化表现在人与人之间关系方面。人与人的异化表现在如下三个方面:一是无产阶级内部人与人的异化。资本家为更多获利,会将工人的工资限定在尽可能低的水平上,限定就业岗位的数量是达到这一目的的一种手段。劳动者们为了获得工作机会而相互竞争,使得他们不得不接受比较低的工资,这不仅仅不利于劳动者自身的发展,而且使得劳动者之间关系紧张,劳动者之间因此产生异化。二是资产阶级与无产阶级的对立,即阶级对立。在资本主义制度下,生产资料的私人占有就决定了人与人之间存在差别。占有生产资料的资产阶级掌握组织生产的权力,进而在财富分配方面占据明显的优势,社会财富主要集中在资产者手中。经济上不可比拟的地位决定了资产阶级在政治上不可撼动的地位。资产阶级政权正是这一政治地位最明显的诠释。与资产阶级相区别的是无产者,他们由于不占有生产资料,在经济地位和政治地位方面都明显处于弱势。资本主义社会不仅造就了阶级差异,而且将这种差异极端化,主要体现在资产阶级和无产阶级之间,并将这种两极化对比尖锐化。劳动者为了满足自身生存的需要,而不得不从属于资本家,且接受资本家对自身剩余价值的无限索取,这使得两个阶级的贫富差距越来越大,因而劳动者与资本家之间产生异化,且越来越严重。三是资产阶级内部人与人的异化。自由竞争是资本主义商品经济的规则,资本家之间也存在竞争关系,竞争的结果决定了资本家的命运,自由竞争会导致两极分化,从而造成资本家之间产生异化。

马克思从所有制角度揭示了异化产生的原因。随着社会生产力的提高,产品有了剩余。为了解决剩余产品的分配、存储和交易问题,私有财产形成了,私有制也就出现了。在资本主义私有制下,劳动者按照资本家的需求进行劳动,进而换取报酬来维持自身的生存,劳动者的生存处境由资本和资本家掌握的社会财富的多少所决定。由此,私有制导致了异化劳动的产生。

异化劳动理论虽然在比较抽象的意义上使用了"生产劳动"的概念,但我们能够辨识出这一生产劳动是在资本主义生产关系中的雇佣劳动。在资本主义社会,资本和劳动处于矛盾关系之中。一方面,雇佣工人的劳动是资本存续的前提,它必须极力促成和维持雇佣劳动,雇佣劳动是资本的价值增加或资本的价值增殖的必要条件。另一方面,资本是雇佣劳动得以开展的前提,由于资本需要通过雇佣劳动生产剩余价值实现增殖,它必定要约束劳动,成为对劳动生产力发展的一种限制。换言之,资本按照自己的本性,为劳动和价值的创造确立了界限。资本和雇佣劳动之间虽相互依存,但不是对等关系。资本掌握主动权,是处于主动的一方,雇佣劳动者是被动一方,被资本所利用。处于资本控制之中的雇佣劳动,其存在形式和发展趋势都以对资本有利为原则,相对而言,对人的存在和发展的作用就是极为有限的。马克思指出,实践是人的存在方式,劳动的形式和状态反过来影响劳动主体。雇佣关系中的劳动被片面化为生产劳动,劳动主体也只是在劳动技能等有限的方面获得了发展。除此之外,雇佣劳动与自然界之间的关系也受到资本的影响。在资本的控制下,劳动与自然界、人类社会及他人之间的关系也发生异化,异化劳动对劳动主体的作用也阻碍了劳动主体的全面发展。这种劳动以生产商品为直接目的,进而以实现交换、获得剩余价值而增殖为根本目的。在雇佣劳动过程中,工人受到资本的操控,其独立性和个性的发展只能在资本允许的范围内、在对资本有利的空间内进行。总而言之,在资本控制下的劳动主体,其独立性和个性无法获得全面发展,充分的自由更是无从谈起。

(三)资本主体性的消解与共产主义社会的真正自由

1.自由劳动

"共产主义是私有财产即人的自我异化的积极的扬弃,因而是通过人并且为了人而对人的本质的真正占有。"①共产主义实现了生产资料所有制的彻底变革,寄生于资本主义私有制之上的资本将不复存在,资本主体性也将消失。通过扬弃私有制,共产主义为自由自觉的劳动提供了条件,自由是主体性的要件,自由且有意识的劳动将重新塑造人的主体性。共产主义将实现资本主体性的消解与人的主体性的重建。

首先,就劳动分工而言,共产主义社会将扬弃自然形成的分工,这种分工虽然是随着人类社会发展而自然实现的,但从雇佣劳动本质可以看出,这种分工是被迫进行的。在分工上实现自由,也是劳动自由的一个条件。马克思提出,共产主义社会将实行自愿分工。马克思和恩格斯认为,分工影响生产力的发展,"一个民族的生产力发展的水平,最明显地表现于该民族分

---

① 马克思恩格斯全集(第42卷)[M].北京:人民出版社,1979:120.

工的发展程度"①,而"受分工制约的不同个人的共同活动产生了一种社会力量,即成倍增长的生产力"②。伴随着人类生产力的不断发展,分工形式也呈现为一个变化过程。在前资本主义社会阶段,生产力相对落后,生产的主要目的是满足自身的生活需要,生产呈现为分散状态,此时的社会分工为自然分工。自然分工的重要内容是农业与畜牧业和手工业分离,以及商业和手工业的分离,我们从中可以看到社会分工日益专门化的趋势。社会分工促进了生产力的发展,而生产力的发展作为内生动力又对社会分工提出了更高的要求。随着资本主义生产方式的确立,社会分工也进入了新的阶段。在资本主义社会,社会分工日益专门化,这使得生产者只需掌握一个方面的劳动技能便可以生产且专注于某一门类生产活动,可以使得生产的技能日益精进。这种分工同雇佣关系一样,表面上看是自愿和自然形成的,实质上是被迫的。马克思曾把工人描述为被迫专门从事劳动的大多数人,这里的"被迫"既适用于工人的劳动状态,也适用于工人从事的劳动类别,即社会分工。在社会分工和快速发展的生产力的推动下,资本主义商品经济迅速发展起来。资本主义商品经济是资本生长的土壤,资本和社会分工双重作用下,工人成为具有单一技能的劳动者,甚至不需要掌握一种生产技能,只需要掌握一种生产技能的某一个环节就可以,碎片化的技能导致了人能力的碎片化。分工的社会化极大地促进了生产力的发展,为过渡到分工的更高形式创造了基础。资本主义生产关系在发展生产力的同时也推动了自身向共产主义过渡。马克思指出,资本主义社会中被迫分工与生产力发展不足相适应,这种分工将随着现代生产力的充分发展而消灭。

在共产主义社会,由于社会生产力得到了充分发展,物质产品十分丰富,生活用品按需分配,被迫的分工将过渡为自愿分工,人们可以自由选择

① 马克思恩格斯选集(第1卷)[M].北京:人民出版社,2012:147.
② 马克思恩格斯选集(第1卷)[M].北京:人民出版社,2012:165.

劳动的类别,这使得每个人都从固定的职业中脱离出来,进行形式更加多样、内容更加丰富的活动。劳动的多样化,造就了劳动主体能力的全面化。伴随着生产力的发展,分工从自然分工发展到被迫社会分工,再发展到自愿分工,"而在共产主义社会里,任何人都没有特定的活动范围,每个人都可以在任何部门内发展"①,劳动者的主体性也由无意识发展到片面发展再到共产主义的全面发展。

其次,就劳动的时间而言,共产主义社会将为每个人自由分配劳动时间提供条件。马克思认为,时间是人发展的空间,时间对人的主体性影响重大。在资本主义社会,工人绝大部分时间用于雇佣劳动,除此之外可自由支配的时间极其有限。资本主义生产方式推动社会分工不断深化,分工的精细化和专门化及机器的广泛使用,促进生产力大幅提高。生产效率的提高节约了劳动时间,但工人未能从中受益,资本把节约下的时间进一步转化为生产时间用于生产更多的剩余价值,工人不仅并未因机器的广泛使用而获得自由,反而成了机器的附属,每日按照机器的节奏重复单一且简单的工作,毫无主动性和创造性。人的主体性进一步降低。共产主义社会能够将生产力的发展为人的发展服务。由于生产劳动的目的是满足人们的生活需要,过度生产和产品的过剩现象也将消失,生产被限定在合理的范围内,同时伴随着生产效率的提高,劳动时间将被最大限度地节约,工作时间缩短成为必然。这就意味着,生产劳动之外的时间极大增多,为每个人自由支配时间提供了条件。自由时间为个人多样化活动、充分发展多方面才能提供了条件,劳动类型的多样化及个人潜能的充分发展,将使得人的主体性得到充分的发展。这是共产主义自由支配时间对人的主体性发展的重要意义。

最后,就劳动的目的而言,劳动的目的回归到使用价值本身,生产是为

---

① 马克思恩格斯全集(第3卷)[M].北京:人民出版社,1960:37.

了满足人们自身的需要,劳动产品的价值取决于其使用价值,即对人们需要的满足程度。资本主义生产以获得商品并实现交换为目的,商品的价值完全以交换价值来衡量,生产的目的是尽可能获得货币的补偿。个人的需要则通过购买商品间接地得到满足,这就违背了生产劳动的初衷。生产不以创造使用价值为目的,以货币为目的,货币和资本凌驾于人之上,成为生产最大的动机。共产主义社会在实行新的生产资料所有制基础上,在生产力发展的条件下,生活资料丰富,生活必需品按需分配,不再需要货币作为购买中介,也没有商品存在的必要,生产将直面人的需要。可见,劳动不再出于外在目的,劳动只为满足人自身的需要,外在目的失掉了单纯外在自然必然性的外观,被看作个人自己提出的目的,因而被看作自我实现,主体的对象化,也就是实在的自由——而这种自由见之于活动恰恰就是劳动。

随着资本退出历史舞台,人摆脱了资本的控制,拥有自己劳动的支配权,重新成为劳动的主人,人的主体地位得以彰显。

2. 自由时间

生产力的持续发展,不但可以让人们在较短的时间里创造出更多的物质生活,而且还可以增加人们发掘潜能、塑造丰富的人格的时间。自由时间是人类丰富生活的重要因素,人类在自由时间中丰富与其他生物的生命相区分的类生命,并在人类的本质的发展中逐渐实现真正的自由。

自由的一个重要因素是时间。马克思将人的时间划分为两个部分,即劳动时间和自由时间,后者又包括闲暇时间和用于进行高级活动的时间。在闲暇时间中人们可以休息或娱乐,在从事高级活动的时间中人们可以学习新知识等,从而提高专业素养,以提高劳动时间的工作效率。在马克思的理论中,劳动时间虽是人类赖以生存的必要因素,但马克思却更为看重自由时间在个体发展中的重要意义,他认为,自由时间是实现个体自由活动和社会自由发展的根本性条件。在他所描绘的共产主义社会美好图景中,社会生产力保持在较高发展水平,较高水平的生产力也就意味着较高的生产率和生产质量。生产力水平的提高大幅度缩短了社会必要劳动时间,在时间总量不变的情况下,社会必要劳动时间的缩短意味着自由时间的增加。此时人类所追求的自由时间是一种完全由个人支配的自由的时间,处于一种与社会必要劳动时间合二为一的状态,在这种时间内人类的劳动也是出于愉悦自我的目的,而非获取生存和生活所必需的物质资料,也即"人的自由而全面的发展"的时间。

毫无疑问,劳动作为人类的生存方式和实践活动的必要因素体现了人的本质,同时它也是通往自由的必要路径。马克思在他的自由劳动思想中深刻批判了异化劳动的生产活动带给人的压迫和剥削,同时他认为在资本主义生产方式为主导的社会中不可能实现劳动自由。要想实现劳动自由就要把劳动从资本主义生产关系中解放出来,自由劳动不应受资本支配和影响,而是劳动者自由、自愿且自主的活动,同时劳动者也能在劳动过程中感受到自我价值实现所带来的愉悦。

自由时间的增加在很大程度上可以促进自由劳动的实现,使得自由劳动不再是可望而不可即的,助力作为单个个体的劳动者在自由时间内可以充分展现能力、发挥个性,从而实现人的自由而全面的发展。同时自由劳动所饱含的自主选择也促使自由时间的丰富和延长。由此,在马克思自由思想中,自由时间和自由劳动是交融统一、相辅相成的,使得劳动者从各种枷锁和束缚中真正解脱出来,彻底摆脱不合理的资本主义生产方式强行赋予劳动者的工具性。

3.人的自由而全面的发展

第一,自由而全面的发展的主体是现实的个人。马克思指出,未来的社会是真正的联合体,这个联合体是现实个人的联合体,是保障每一个人自由的联合体,否则自由人联合体就没有意义。马克思所讲的人自由而全面的发展,归根到底是每个个体人的发展。在马克思看来,过去社会的缺陷就在于,以牺牲绝大部分人的利益为代价,实现少数人的自由。"个体和整体之间的争斗"不到共产主义社会是不会解决的。只有在共产主义社会,个人与整体之间的斗争才会被彻底克服,一部分人的发展才会不损害其他人的利益,每一个现实个人的自由和发展才能得到保障。

第二,人的发展之全面性。共产主义为人的全面发展提供了条件。在共产主义社会中,人们突破了物质生产力不足的限制,人们在物质产品的占有方面扩展了自由。在前共产主义社会中,人们的劳动是谋生手段。因为物质生产不足,人们的物质需要得不到充分满足,因各人的条件不同,受到不同程度的物质需要不足的压力。在共产主义社会里,由于生产力的充分发展,物资能够满足社会全体成员的需要,人们的劳动成果成为社会共同财富,每一个人都可以根据自己的合理需要分享社会财富,从而最大程度地发挥物质产品对人自由而全面的发展的促进作用。

共产主义社会清除了阶级给予人们的种种束缚和压迫,在社会关系方面扩展了人的自由。人类生活在社会中会受到来自社会的种种束缚和压迫,最主要的是受到阶级压迫。在资本主义社会中,工人阶级处于社会底层,受到资产阶级压迫。消灭了生产资料私有制,人们在获得经济上平等地位的基础上,也获得了政治上平等的地位。共产主义实现了最大的政治民主,人们的民主意识大大增强。在共产主义社会中,国家自行消亡,对人们的统治将被对物质的管理和生产过程的管理所代替,人们获得了最大的政治平等,摆脱了阶级压迫的束缚。此外,在走向共产主义的过程中,所有宗族势力的束缚、种族歧视、男女不平等问题都将得到解决。

共产主义社会中文化将极大繁荣。人们的精神世界、道德情操、品行格调等往往和他们的文化水平有关,受文化水平的制约。在共产主义社会中,人们来自物质生活方面的压力解除了,有更多的时间接受教育,提高文化水平。随着人们受教育时间的增多，文化水平的提高，全民的素质会大大提高，国家的科技水平也会持续地上升，人们不断提高的美好生活需要自然会得到充分满足，人们的精神世界、道德情操、品行格调等也会持续提升。

在共产主义社会，人们将摆脱旧有意识形态的控制。资本主义制度被推翻之后，旧的思想影响还会停留在人们的头脑中。共产主义社会不仅实现社会制度的变革，还要从人们的思想意识中清除掉资本主义的意识形态，使人们从资本主义的思想影响束缚中解放出来。只有全体成员的素质大大提高了，资本主义意识形态影响消除了，人们企盼的和谐社会才能到来。共产主义既是一种社会制度，也是一种思想体系。只有在人们的头脑中树立起与公有制制度相一致的共产主义思想体系，代替了封建主义、资本主义的思想体系，才算是真正建立起了共产主义社会。

共产主义将实现人和自然的和谐发展。由于人类的生产力水平不高，人类从自然界获取生产资料和生活资料的同时，也在许多方面经受着自然的压力，不能实现充分自由。马克思主义认为，人是在自然环境中生长的，理应注意对自然环境的保护。人类在工业化过程中对自然环境的破坏严重，反过来也受到了自然的惩罚。在共产主义社会中，在公有制的基础上，各国人民消除了纷争和界限，全世界人民团结一致，被人类破坏的自然环境会得到修复，在高科技的支撑下，自然环境还会不断改善和提高。自然环境对人们的压力逐步消失，人和自然和谐程度不断提高。美丽国家、美丽世界的理想必将显现，中华民族传统的"天人合一"的理念也必能实现。

人的全面发展包括这样四个方面内容：

首先是人能力的全面发展。人的能力包括人的工作能力、天赋能力、社交能力、潜在能力、智力、体力、个人生产力和劳动能力等。为了实现人的全面发展，可以通过开发和挖掘人的潜在能力，使其转变为现实能力，提高其综合素质，发展其多种才能。每个人在日常生活中所要担当的责任，要完成的使命和任务,都会起到锻炼、发展和提高个体生存和进步所必须要具备的能力的作用。这些能力包括进行劳动所需要的体力、思考问题和解决问题所需要的智力、个体从出生就具备的自然能力、后天的社会能力、个体融入集体并且与他人合作的能力等。也就是说,如果想要实现个人的全面发展,你就必须将自己具有的潜力转化为实际具有的能力,同时也要提高自己的社会能力。马克思批评和抨击了资本主义制度所具有的缺陷,即将身体和精神能力进行分离,他强调了身体和精神能力的相互适应、相互作用、相互影响。

其次是人需求的全面发展,人的需求在基本内容上可以分为物质需求和精神需求,其中前者是人最基本的需求,是为了维持人生存的需求,精神需求是人类独有的和不可缺少的一种需求。人们的精神需求受物质资料生产方式的制约,人们在物质需求得到满足之后,会将更多的关注点体现在精神需求的层面。实现共产主义的前提是物质需要作为第一需要得到满足,同时精神需要也得到充分满足。只有在这种情况下,人的需求才能得到最大的满足。

再次是人个性的全面发展,在资本主义社会,工人成为生产机器的附属品,为配合生产,人们被塑造为具有单一技能的工人,工人较多时间都从事商品生产活动,人与人之间在技能和类别方面相同。为了生存,工人们不得不被资本批量"生产"为工人,这使得工人之间的差异较小,没有发展个性的空间。共产主义最重要的特征则在于人的个性的全面发展,这意味着自我意识、性格、气质和性情等每一个方面都得到尽可能高的发展。

最后是人的社会关系的全面发展。根据马克思的观点,人是一种社会性存在,而不是孤立存在的个体。人的本质源于社会性的实践活动,是人所具有的社会关系的总和,正是这些关系的存在使得不同个体之间交织在一起,形成了独特的不同于其他物种的社会纽带。社会关系促进了人类本身的全面而自由的发展。

第三，人的发展之自由性。人的自由发展是指人不受社会条件、社会分工的约束，自由的时间大大延长，人们在充分尊重自己个性的前提下，在更长的时间内自由地追求自己的内在目的，从事自己喜欢的工作，按自己的意愿发展。这是一种自觉、自发和自愿的发展，而不是由外部社会压力驱使或强制进行的发展。当然这种自由虽然是按照自己的意愿发展，但不会为了自己的发展牺牲和破坏他人自由。

第四，人的自由全面发展的过程性。人是社会的一分子，不能脱离社会抽象地谈人的自由和发展。社会是人的集合，人的自由和发展只有在社会这一共同体中才能够得以实现。因此自由具有一定的社会历史形式，在不同的社会历史阶段，自由的实现也不尽相同。

在人的自由发展的第一阶段，人依赖于社会这一共同体，脱离了共同体，人难以存活，人不是个人的，而是作为共同体的一部分存在，人的一切活动依赖于共同体进行，如果脱离共同体，人的自由而全面的发展就无从谈起。在第二阶段，人从对共同体的依赖关系中挣脱，开始以物为基础发展个人的独立与个性，在这一阶段中，由于社会生产力还不够发达，社会财富仍旧有限，只有极少一部分人拥有自由，大多数人的自由只表现为自由选择被谁支配或者说被谁奴役，广大的劳动者不能拥有真正不被束缚的自由。在第三阶段，社会生产力高度发达，社会财富相应十分丰富，人类社会进入了共产主义阶段，人得以摆脱物的控制，劳动者成了生产资料的主人，任何人都不再需要顾虑物质条件的限制，人与人之间的剥夺和强制关系走向消亡，所有人都能够自由安排劳动时间、自由选择劳动类别，自由而全面发展，即人可以作为自己得到充分实现。

在高度发达的共产主义社会中，私有制的消失使生产资料不再为私人所有，人实现了对自身与自身劳动成果的全面占有，个人潜能得到全面发掘,社会发展和个人协同一致,这使得人与人、人与集体和谐共处,形成了"自由人的联合体"。在这一联合体中每个人的自由发展是一切人自由发展的条件,个人自由与社会自由同时得以实现。因此,个人的自由并不独立于社会自由,可以说只有在共产主义制度下,人与社会达到了和谐的状态,人们的自由才能够真正得以实现。

(四)自由的辩证视域

伯林的自由观在学界引起了极大反响,但凡谈到自由,人们总会提起他。伯林在著述中多处论及马克思,包含着对马克思自由观的批判。这一批判态度与伯林对马克思思想的理解直接相关,伯林根据自己的理解,将马克思的思想解读为一种以历史决定论和理性主义为主要特征的理论。被如此理解的马克思思想追求的正是伯林批判的积极自由,伯林从自己的观点出发,必然不认同马克思的观点,二者在自由问题上存在争论和辩论的空间。

伯林对马克思的批判态度最早体现在他撰写的《卡尔·马克思:生平与环境》一书中。伯林的自由观令人印象最深的内容是将自由区分为积极和消极两种状态,根据价值多元主义原则,他反对积极自由,推崇消极自由。那么马克思主张历史发展具有规律性,是否是历史决定论钳制了个人选择的自由呢?历史必然性与自由选择是否自相矛盾?积极自由和消极自由的二分法及积极自由可能存在的悖论是否适用于马克思的自由观?这个问题值得深入研究。

伯林的自由观虽然在学界掀起了对自由问题的热烈讨论,但自身也包含理论困境。伯林基于价值多元论认为积极自由或将导致暴政,从而主张消极自由,强调每个人不受干预地进行选择的绝对性,但此种选择自由不具有实质价值内容,伯林极力论证和捍卫的自由最终只具有工具性意义,从而陷入了相对主义和虚无主义。自由本身就是一种价值目标,失去实质价值内涵的自由,意义荡然无存。

伯林的自由观之所以出现上述缺陷,主要原因在于缺乏历史唯物主义的视野和辩证智慧。马克思的历史唯物主义不仅能够回应伯林的批判,而且能为伯林走出自身理论困境提供启发。

第一,历史规律与主体自由的统一。历史唯物主义阐述了人类社会发展的客观规律。而伯林认为,历史规律的观点主张历史发展具有必然性,是将事件、人物性格、制度等视为历史发展的必然后果,且认为这种解释是最接近真理的解释。主张历史发展具有必然性,即属于历史决定论,历史决定论是对自由的根本否定。

早在伯林撰写《卡尔·马克思:生平与环境》一书的时候就表达出上述观点,在该书的第六部分“历史唯物主义”标题下,伯林指出:“马克思是持决定论观点的”[①],马克思在《资本论》序言中以及《资本论》第二版后记中论述的内容“使得人们对马克思的人类历史观,以及以‘钢铁必然性’决定了历史的那些规律,作出了严格的、决定论式的解读”[②]。在解读历史唯物主义的过程中,伯林也捕捉到了他的兴趣点,即“这些规律与人类自由的关系,不管是个体的还是集体的,到底是什么样子呢?”[③]伯林总结了马克思关于历史发展规律的观点认为:社会历史发展是一个必然进程,“在这个进程中,人类的选择,不论是个人的还是社会的,都受到完全决定作用的因素的影响”[④]。对于人认识人类历史发展的规律,并不能改变进程,但可以使历史过程放缓或者加快速度,伯林也提出了质疑,称“如果这一知识的应用最多只是在得到没

① [英]以赛亚·伯林.卡尔·马克思:生平与环境[M].李寅,译.北京:译林出版社,2018:155.
② [英]以赛亚·伯林.卡尔·马克思:生平与环境[M].李寅,译.北京:译林出版社,2018:158.
③ [英]以赛亚·伯林.卡尔·马克思:生平与环境[M].李寅,译.北京:译林出版社,2018:156.
④ [英]以赛亚·伯林.卡尔·马克思:生平与环境[M].李寅,译.北京:译林出版社,2018:159.

有阶级差别的社会之前'缩短阵痛',而对于改变进程本身却无能为力,那么人类自由的概念,无论是从其社会层面还是从其个人层面来看,显然都需要解释"①。通过对伯林观点的回归,我们能够发现,伯林主张历史唯物主义观点是一种决定论,历史唯物主义在保障人的自由方面需要提供论据。

伯林断言"决定好的世界结构"同"主体的自由选择"不相容。历史决定论不仅是对主体选择自由的否定,也是对个人责任、道德评价的可能性和必要性的否定。伯林极为强调选择自由的重要性,如果历史发展遵循规律,有一条客观必然且合理的发展道路,人们也就不需要进行选择,从而说明历史发展的规律性能够消解主体选择的必要性和价值。

伯林上述结论同他对马克思的历史唯物主义的误解相关。"伯林把马克思的唯物主义从一种旨在领会并批判社会现实的活生生的哲学,贬低为经济决定论和理性一元论,这种抽象的教条化理解最终把马克思的历史唯物主义解释成'一个封闭的体系,进入于其中的一切东西,都必须符合预先确立的模式'。"②与其说是伯林对马克思的理解,不如说是伯林在解读马克思的历史唯物主义中影射了自己的观点。不可否认,规律及其客观性与自由在内涵上不相融,根据马克思的理解,规律及其客观性是相对于人的自由而言,是指人不能随意依照主观意愿改变它,但并不意味着人完全失去选择的自由。规律及其客观性与人的主体选择之间不是"除此之外,别无他法"的对立,这是形式逻辑非此即彼的矛盾关系,是缺乏辩证智慧的结果。承认规律及其客观性不完全等同于宿命论式的被动顺从,人可以通过自身的智慧理解规律,在掌握规律的基础上利用规律,为自身活动服务,以扩展活动的深度和广度,在此过程中,规律已经帮助人类获得了更多的自由。

---

① [英]以赛亚·伯林.卡尔·马克思:生平与环境[M].李寅,译.北京:译林出版社,2018:159.

② 张梧.思想史路径的意义与限度——伯林《马克思传》的批判性解读[J].理论视野,2018(04).

伯林在《自由论》中谈到数学的例子,对比了在掌握数学原理前后个体的感受和状态。个体通过学习数学,掌握数学的原理,进而利用数学,增加了实质自由。经过这一转变,数学对个体发挥的作用也发生了改变,从强制性因素转变为辅助性因素,这种情况我们也深有体会。同样的情况也出现在乐器演奏方面。虽然数学和演奏音乐是具体且生活化的例子,但伯林也承认,它们所包含的道理同样适用于人类活动的其他方面,即那些阻碍主体获得自由的其他情况。伯林意识到,马克思也具有上述想法,即主张理解是化解规律和自由之间矛盾的途径。

对规律的理解要求人具有一定的理性认知能力。在此方面,我们可以求助康德,康德从共同性的角度看到人类理性能力,认为"理性的人会尊重存在于彼此之中的理性,而完全缺少相互斗争或控制的欲望。在一个完全由理性者组成的社会中,对别人的控制欲将不再存在或将变得无效。压迫的存在或对压迫的渴望,只是社会生活问题无法获得真正解决的第一个症候"[①]。人类在理性上的共同性为其作出共同的价值选择提供了基础,人理性能力的完善促使人更好地理解社会历史规律,并使得自己的选择因为符合理性而较少地违背规律,为规律的客观性与主体选择自由之间的和解提供了条件。马克思强调理论的现实性,深入研究并揭示历史的客观进程,是发挥这一理论现实作用的前提,以科学的规律理论来提高个人活动的合理性,从而将理论与个人主体的活动融合为一。这既可以把理论的现实作用体现出来,也提高了个体的自由度。这种影响不是消极意义上的限制,而是积极意义上的引导。对此伯林是认同的,并直接论述道:"对马克思来说,理解就是适当的行动。当且仅当我的生活计划是按照我自己的意志安排的,我才是自由的;计划包含着规则,而一种规则当我有意识地强加给自己或者

---

① [英]以赛亚·伯林.自由论[M].胡传胜,译.北京:译林出版社,2011:194—195.

因为理解而自愿地接受它的时候,它就不会压迫或奴役我,而不管它出自我自己还是别人之手,只要它是理性的,也就是说,只要它遵循事物的必然性。理解事物何以如此也就是愿意它们果然如此。"①伯林的观点有游移不定之处,上述论述中蕴含了必然性与自由和解的可能。

第二,消极自由与积极自由的统一。伯林在《两种自由概念》中对自由进行了界定:消极自由追问的是,主体不被干涉地做他有能力做的事,或者成为他愿意成为的人的领域是什么? 积极自由追问的是,决定某人做某事,或决定某人成为某样的控制力或根源是什么? 两种自由内涵不同,伯林十分强调二者的区别,明确否定积极自由,主张通过维护消极自由来保障个体的实质自由。但他也指出,对它们的回答可能是重叠的,这一说法似乎暗示了一种可能性,即两种自由之间存在沟通的空间。马克思的历史唯物主义及其辩证智慧为我们弥合两种自由的鸿沟提供了启发。在马克思主义哲学中,自由是完整的自由,没有所谓积极和消极的区分,可以被理解为自由的积极方面和消极方面,并表达了两个方面的辩证统一。其中不乏与伯林两种自由的关联,为了方便对照伯林的两种自由进行讨论,暂且从消极自由和积极自由两个方面进行论述。

1.关于消极自由

伯林认为,维持消极自由的途径是不受外在限制,尤其是不受社会制度的限制,如果个人的愿望受到了不论是直接的还是间接的,抑或是有意的还是无意的阻碍,那他就处于不公正或不平等的社会制度当中。在这一意义上,伯林提出:"自由就意味着不受别人干涉。不受干涉的领域越大,我的自由就越宽广。"②

伯林认为,能否进行选择是人作为人的主要标志,不受限制地进行选择

① [英]以赛亚·伯林.自由论[M].胡传胜,译.北京:译林出版社,2011:192.
② [英]以赛亚·伯林.自由论[M].胡传胜,译.北京:译林出版社,2011:171.

是人最低限度的自由,不可侵犯。从价值多元主义的立场出发,伯林认为人们的价值目标各不相同,无法获得统一,人们也无须对任何价值理想抱有坚定的信念,价值目标之间不可公度是伯林主张的价值多元论的核心要素。选择的价值意义宣布为无意义,唯一有意义的就是选择行为本身,是不考察价值内容的单纯的工具性行为。对伯林的上述观点,施特劳斯和桑德尔表达了相同的看法,即伯林陷入了相对主义和价值虚无主义。普特南认为,伯林在文化和道德上的观点具有相对主义的倾向。

马克思的自由观中包含了可以与伯林消极自由观比照讨论的内容,即将工人不自由的原因归结为社会制度。马克思认为,资本主义所有制和工人劳动发生异化之间互为因果,异化劳动状态下,工人是不自由的。伯林自己也承认,马克思对自由问题的讨论依赖于关于工人贫困与弱势起因的追溯,这一根源就是资本主义制度及其私有制。但与伯林的研究最大的不同在于,马克思赋予自由以明确的价值内涵,并积极探索如何通过摆脱制度限制实现消极自由。

伯林在其著作中也谈到了消极自由的实现方案,即我不去欲求我得不到的东西,通过控制自己的欲望和恐惧来摆脱束缚,避免威胁,如若如此"我就仿佛作出了一个战略性的退却,退回到我的内在城堡——我的理性、我的灵魂、我的'不朽'自我中,不管是外部自然的盲目力量,还是人类的恶意,都无法靠近"①。这一解决方案完全诉诸禁欲主义,毫无疑问,这属于一种消极状态,这种方法完全无视人的真实需求,只是考虑是否能够得到,放弃所有无法得到满足的需求,以避免需求无法满足带来的障碍感。伯林关照的人只能是一种理想主义的抽象的人。"对马克思和恩格斯来说,并不是积极自由的思想产生了伯林后来与极权主义联系在一起的抽象和幻想的思想教

---

① [英]以赛亚·伯林.自由论[M].胡传胜,译.北京:译林出版社,2011:184.

义。相反的,正是资产阶级崇拜的那种'自由',即从农奴制的枷锁或封建庇护的要求中解脱出来的缺乏历史性和现实需要的抽象的'人'的自由。"①

马克思主义哲学主张的是"现实的个人",这种现实的个人必定是真实的,有血有肉的,有基本生活需要的人。马克思对人的需求的承认不仅局限在生活需要这一方面,马克思还提出了人自我发展和自我实现的需求。自由和发展也是人的真实需要,是人的本性。处于禁欲主义生活状态中的人,与马克思所理解的现实的个人大相径庭。

伯林自己也感觉到了上述方案有不妥当之处,他坦言,我们难以将禁欲主义理解为是对自由的一种扩展,禁欲主义者的自由,只有通过放弃生命才能获得,因而不具有现实性。这种绝对的消极与马克思正义的理论基调相距甚远。马克思主张通过现实的运动,消除不公正的社会制度,进而以更加符合人的自由和发展要求的社会制度取而代之。

伯林的研究并不完善,马克思的观点比伯林更加深入。按照马克思的理解,要实现自由,克服障碍只是第一步,为自由构建现实条件则更为重要,没有充分的社会条件,自由将无所依托。马克思主义对共产主义的畅想,大家都十分熟悉,何为共产主义,它可以被理解为一场现实的运动,也可以被理解为一种合理的社会制度,同时,共产主义也是一种价值体系,它包含了实现人自由的各种价值原则。共产主义之所以能够成为真正的联合体,就是因为它对实现人的自由而言是必要和有意义的。可见,克服资本主义制度的束缚只是自由的第一步,建立共产主义制度则是实现自由不可缺少的条件。历史唯物主义不仅实现了规律的客观性与主体自由的统一,也蕴含了从消极自由推进到积极自由的可能。

---

① Negative and Positive Freedom: Lessons from, and to, Sociology[J].Sociology,2015,49(1):156-171.

2.关于积极自由

关于积极自由,伯林的观点是:"'自由'这个词的'积极'含义源于个体成为他自己的主人的愿望"①,即积极自由意指人能够作为他自己的主人,成为真正的主体。"成为自己的主人,不受他人的主宰,也就是在人与人的关系中,在人与社会的关系中能够不受宰制。换言之,积极自由就是政治领域里的自由。"②伯林也思考了积极自由的意义,寻求积极自由是个人最深的渴求,但更加强调积极自由可能会发生异化,即个人最终要服从集体或国家的意志,集体或国家的自由作为超越个人之上的更高的自由得以维护。

马克思对个人自由的探讨也涉及个人与群体的关系,这与伯林探讨积极自由的大前提相同,但伯林的推论是立足价值多元论,在多与一的两极对立下得出的。而马克思的自由观则是在实践哲学基础上,弥合了多与一的两极对立,必然得出完全不同的结论。"在生活实践中,这种具有公共性的普遍性规范的生成,又并非某种权威力量强加的结果,而是充满着异质性和差异性的个人在公共空间中以相互承认为前提,按照民主的合理性的程序而产生的,就此而言,公共之理又是民主之理。自由之理与民主之理的结合,使得长期困扰着人们的'一'与'多'关系问题在新的视域中获得了新的内涵。"③马克思从人的社会关系和社会属性角度理解人的本质,强调社会关系与重视个体自由并不冲突。马克思主义既不是完全的个体主义,也不是绝对的国家主义,个人和社会本不可分割,割裂开来,个人得不到充分的自由,社会也无从发展,只有从统一的视角看到个人和社会的关系,才能合理地理解个人的自由问题:"个体生活的存在方式是——必然是——类生活的较为

---

① [英]以赛亚·伯林.自由论[M].胡传胜,译.北京:译林出版社,2011:179—180.

② 龚群.捍卫消极自由——论伯林的自由观[J].江西社会科学,2014,34(08).

③ 贺来.超越"一"与"多"关系的难局——一种实践哲学的解决方案[J].中国人民大学学报,2015,29(05).

特殊的或者较为普遍的方式,而类生活是较为特殊的或者较为普遍的个体生活。"①可见,马克思的自由观既承认个体的主体性自由,又避免集体或群体对于个人的强制,对伯林的忧虑进行了回应。

马克思对积极自由的研究比伯林更加深入。马克思不满足于揭示人类自由的可能性,更关注人类自由的现实性。以工人的自由为例,由于工人在资本主义生产中的实际地位,法律上规定了的政治权力和自由,工人阶级并没有真实地获得。正是在此意义上马克思批评了政治解放,主张以人的解放取代政治解放。

3.包含积极方面和消极方面的整体自由

积极自由和消极自由这两种自由本并不矛盾,与其说是两种自由,毋宁说是同一自由的两个方面。伯林自己对此也有所察觉,自己掌握自己的自由,与摆脱外在阻碍进行选择的自由,看起来似乎差别并不巨大,只是同一件事情的两个方面,像硬币的两面。仅仅免于约束还并非真正实现自由,因此还需要第二个环节,即"做了某事"以实现和完成自由。由此可见,伯林所说的两种自由,可以被看作是获得自由的两个阶段。伯林关于自由的著名区分,使人们以为有两种自由,且一种是好的,一种是坏的,这种划分不仅可疑而且会导致理论混乱。伯林由于担心暴政而反对积极自由,这种担忧不无道理,但就此主张消极自由,则有可能是对消极自由概念的错误使用。

伯林主张的消极自由只表达了自由的一种可能状态,并不意味着自由就真的实现了。主体因无作为,或其他某种原因,即便没有硬性的限制,他也可能无法获得真正的自由。因此,消极自由只为自由提供条件。在此方面,马克思认为,随着现存社会制度和私有制的消除,建立新的社会制度,才能为人的自由全面发展提供条件。如果没有获得自由的条件,自由无从谈

———————————

① 马克思.1844年经济学哲学手稿[M].北京:人民出版社,2000:84.

起,国内学者也有同样的观点:"所谓消极自由,正是积极自由的实现条件,而积极自由则是消极自由的目的和用处。从逻辑结构上看,消极自由都必须包含积极自由,否则消极自由是无意义的。"①

争取积极自由,并不代表对个人自由的压制,要将消极自由实现出来,恰恰需要积极自由。例如,当个人受到外在社会制度奴役的时候,无论是对这种奴役制度的认知,还是奋起反抗,都不是依靠个人的能力可以做到的,都是需要多数人联合在一起,共同协作才能做到。个人的能力也可能存在不足,多数人共同协商可以得到更加科学的结论。对社会制度提出改变的方案,更不是一己之力能够做到的。即便个人能够提出深刻的见解,不借助集体的力量,也只能沦为空想。面对一种奴役人的社会制度,无论是将其作为障碍加以消除,还是作为保护自由的条件加以确立,都不是单纯依靠理论探讨可以完成的,理论转化为物质力量,更需要诉诸群体的力量。如果想切实地实现自由,就无法否定群体主体的作用。

人要将自由实现出来,根本上要诉诸积极自由,消极自由可以被理解为积极自由实现的要件。马克思阐述的自由是包含了自由积极方面和消极方面的完整的自由,其中消极自由只表达了自由的可能,而积极自由才能将自由落到实处。马克思的自由实现了由潜在到实在、由消极自由向积极自由的过渡。

综上所述,伯林所说的消极自由仍需要过渡到积极自由。马克思将消极自由与积极自由融为一体,二者不是伯林所理解的二元分裂的两种自由,而是自由包含的两个方面。照伯林《自由论》的观点,两种自由的对立,根源于个人自由与社会自由的对立,也来自于个人主体与群体(社会)主体的对立。一旦上述难题得到解决,伯林划分自由时的担忧,即对独裁和暴政的恐

---

① 赵汀阳.被自由误导的自由[J].世界哲学,2008(06).

惧,也就变得不再必要了,消极自由和积极自由的矛盾得以化解。正如一个人无法把自己的内在生活和外在的社会生活完全分开一样,积极自由与消极自由也不能被完全对立起来。得益于唯物辩证法,消极自由和积极自由可以统一起来。

第三,历史唯物主义是实现统一的基础。伯林两种自由的观点虽然能够引发思考,但也包含着理论缺陷。究其原因在于缺乏历史性原则和辩证思维方式。伯林在价值多元论的基础上对两种自由进行了区分,进而批判积极自由,依据是积极自由在推进的过程中将走向自身的反面,对个人自由造成威胁。依据价值多元论的原则,伯林认为每个人的自由都同等重要,没有哪一种自由可以成为共同的自由目标,自由目标作为价值目标是无法公度的。如此一来,集体不可能作为共同自由目标的代理者,集体如果在现实中充当了这一角色,只能是以一种自由价值目标去抹杀多种价值目标,必然导致暴政。价值多元论最大的敌人是价值一元论,两种自由之间的对立实质上是价值多元论和价值一元论的斗争。

伯林认为,一元论是崇拜集体权威、追求积极自由的思想根源。伯林对积极自由的批判同时意味着对西方一元论的批判。也可以说,伯林是用一元论的弊端来论证积极自由的弊端。西方一元论传统也就是形而上学传统,在古代哲学时期表现为对世界本体的追问,在近代哲学时期表现为以理性自我为核心的主体形而上学。伯林的论证逻辑是近代形而上学“自我”的变形,他所捍卫的是与他人分离的原子式个人,是撇开具体的社会历史条件去探讨抽象的人与抽象的自由,仍然在主体形而上学的框架内。

以形而上学的逻辑来批判马克思的自由观显然不恰当。因为马克思反对的正是形而上学一元论。历史唯物主义坚持历史主义原则,历史主义主张基于特定历史阶段和历史条件来理解事物,与本质主义正相反,历史主义的产生与克服形而上学一元论的弊端直接相关。可以说,历史唯物主义正是在克服形而上学弊端的基础上产生的。同时历史主义也有自身的困境,历史主义的内在包含相对性原则,容易滑向相对主义和虚无主义。既保持历史主义的相对性原则,又寻求事物发展的确定性,就必然会出现主张历史发展规律性的学说。马克思的历史唯物主义正是如此,可以将历史唯物主义视为历史主义的合理形态,它既坚持了历史主义条件性、相对性的原则,有效地克服了形而上学一元论,同时又通过阐述社会历史发展的客观规律,展现了历史发展的确定性。伯林推崇维柯和赫尔德为"历史主义之父",表达了他对历史主义的重视。但他反对历史规律的学说,坚持历史主义相对性原则,放弃了客观性和确定性原则,这使得伯林的观点最后导向了价值虚无主义。伯林同意波普尔的观点,波普尔认为,历史唯物主义是一种历史决定论。波普尔在《历史决定论的贫困》中对历史唯物主义进行了批评,实则是没有认识到规律学说对历史主义是一种有益的补充。

历史唯物主义使得历史发展的条件性和相对性与历史发展的客观性与确定性实现了统一,既保留了历史主义的科学内容,又克服了历史主义的理论困境,这得益于辩证思维方式。融合了辩证思维方式的历史唯物主义,与一般历史主义相比,更加完备和科学。

伯林自由观的另一个缺陷是二元分立的理论鸿沟。伯林在两种自由之间划定了无法逾越的鸿沟,使得人们在追寻自由的过程中陷入两难境地:若选择积极自由,则很可能坠入暴政,若选择消极自由又可能滑入价值虚无主义,人最终也无法找到自由的出路。

唯物辩证法具有重要的方法论意义,唯物辩证法的使用使得马克思主义能够解决一些理论难题。正是唯物辩证法的科学使用,使得马克思看待自由问题时,能够弥合经验自由与理性自由的分立,以及个人目标与集体目标的分立。自由既非消极自由,也非积极自由,而是实现了消极方面和积极方面辩证统一的现实的自由。历史唯物主义的辩证智慧是弥合伯林二元分裂的钥匙。历史唯物主义及其辩证智慧不仅能够回应伯林自由观包含的质疑,而且为破解伯林的理论难题提供启发。

二、平　等

平等一直是人类孜孜以求的目标。在原始社会,人类缺乏科学知识、生产经验不足、劳动工具简陋,为了生存下来,人们自然地联合起来,共同占有生产资料,共同进行劳动,平均分配劳动产品。在这一社会形态里不存在剥削和压迫,没有不平等现象,也没有形成追求平等的意识。然而私有制的出现彻底打破了这一"美好局面",私有制确立之后,人类社会的不平等现象也随之出现。卢梭认为,不平等并不是从来就有的,它的产生和存在是有条件的,是随着社会的发展、人类智能的提高才获得了生长力量。他指出"由于私有制和法律的建立,不平等终于变得根深蒂固而成为合法的了"①,这一结论找到了铲除社会不平等现象的关键,给其他思想家以重要启迪。马克思通过透视历史现象表面,深究社会发展规律,提出历史上众多矛盾和不平等产生的根源是私有制,从而找到了实现人类平等夙愿的"钥匙"。可见,探讨人类平等问题离不开对社会所有制问题的讨论,必须对以所有制为核心的生产关系进行彻底变革,以求在未来共产主义社会实现真正的社会平等。

在原始社会结束后出现的第一个私有制社会——奴隶社会,就是一个极度不平等的社会。在这一社会形态中,奴隶主占有全部的生产资料和奴隶的人身,他们掌控一切,高高在上,为所欲为,将奴隶当成牲口一样肆意买卖和杀害,奴隶没有任何权利和尊严。在这种极端不平等下催生出了平等思想,例如智者学派和斯多葛派都认为奴隶在肉体上是不自由的,但在精神

① [法]卢梭.论人类不平等的起源和基础[M].李常山,译.北京:商务印书馆.1962:149.

上是自由的,从而推及所有的人,无论人的身份、地位、财富、能力等方面如何悬殊,都具有同样的精神品质,具有内在精神上的自由,因此得出人的精神平等。只是这种平等观是虚幻的、不切实际的,是当时历史条件下所能允许的有限的平等,是一种唯心主义的美好向往,无法改变奴隶被奴役、被迫害的境况,不能解决社会实际中的不平等。继奴隶社会后是具有严格等级制度、充满专制特权的封建社会,虽然相比于奴隶社会,人们拥有一定的权力和自由,但封建社会中依然存在着众多的不平等,除了封建主对农民的统治和压迫,还有宗教势力对民众的支配和控制。因此人们渴望平等,进行反抗和斗争,为平等思想提供了生长空间。基督教提出"上帝选民平等"并宣扬原罪观,认为人生来有罪且无法自救,必须依靠上帝来救赎,因此在上帝面前每个人都是无差别的、平等的。佛教提出"众生平等",一切有生命的都是平等的。这些平等观念反映了人们对于平等的向往和追求,但只是封建宗法制度和宗教伦理所容许下的平等,是一种道义上的平等,甚至成为统治者压迫被统治者的工具,无法实现社会的真正平等。因此在这两种社会形态中的人们渴望平等,一些有良知的思想家也主张平等,然而只是从道德原则或从宗教教义上宣扬人的平等,这里的"平等"只限于人们在某一共同点上的平等,比如人的精神、灵魂、道德上的平等,是承认等级、特权方面不平等下的某一共同点上有限制的平等。把人看作没有主体性、抽象意义的"人",没有深入研究现实的人和现实的经济状况,因此无法实现真正的社会平等。

在特权横行、等级森严的奴隶社会和封建社会,大多数人并没有反抗意识和追求平等的思想,他们已被奴役固化,认为专制和特权就是天经地义的。而觉醒起来的新兴资产阶级为了维护自己的经济利益,推翻专制特权,以"平等"为口号进行政治斗争,取得了统治地位,并把阶级意志上升为国家意志,在法律上确立了"人人平等"。同时经济生活中商品"等价交换"的平等要求必然反映到政治上,最终由法律确立下来。由于资本家在经济形式上确立与劳动者的平等关系,使他们更自由、自愿地出卖自身劳动力,从而为资本家生产更多的剩余价值。因此资本主义社会中的平等表现为一种"法权平等",这在法律意义上确定了人们间的平等关系,在政治上主张自由、民主、平等和人权,在不危及国家安全和阶级利益的前提下,给予民众一定的权利和自由,但根本上是资产阶级为了维护本阶级利益的手段,是以法律名义上的平等掩盖事实上的不平等。虽然与奴隶制和封建制相比是一大进步,但资产阶级仍受阶级利益的驱使,实质上还是要剥削劳动者。虽然统治者坚持主权在民原则和人权原则,强调分权制衡、民主选举,但也只能实现政治权利和经济形式上的平等,不能掩盖人们在社会经济生活中实际的不平等。

(一)资本主体性与人的不平等关系

资本是在资本主义制度的辩护下发展壮大起来的,相较于前资本主义制度,资本主义可谓是一种文明形态。在奴隶社会中,奴隶主是权力主体,对奴隶具有绝对的统治权,奴隶连生命的自主权都不具有,毫无独立性可言,只能说是有生命的客体。在封建社会中,国家的统治者对臣民、地主对农民也具有极高的控制权。不论是奴隶社会还是封建社会,权利主体对对象的控制都是直接和显而易见的。而资本主义制度下则不同,资本主义瓦解了奴隶社会和封建社会中直接的剥削,但并未终止剥削,只是将剥削隐藏在资产阶级"自由"和"平等"的口号之下。

资本主体性具有隐蔽性。在前资本主义社会中,权力主体都是人,压迫和剥削发生在人与人之间。在资本主义社会,也存在着人对人的压迫和剥削,这种关系发生在资本家和无产者之间。资本家将资本用于购买劳动力并使用工人的劳动力,占有劳动产品尤其是其中蕴含的剩余价值。其实资本家也受制于资本,资本是凌驾于资本家之上的一种主体,资本家是资本的人格化身,将资本增殖的意愿实现出来。

资本对于人和其他对象的支配具有隐蔽性。"作为无处不在的'狡计',资本隐身为幽灵、为幻象,为不在场的在场,人们甚至可以安然地忘却它的存在,将它悬置为一个'不在家的上帝',来谈论尘世的生活,世俗的存在。"① 资本是一种抽象存在,其发挥作用的过程和体现出来的主体性都具有抽象性,抽象的资本本就神秘,马克思把资本主体性的作用称为现实受抽象的统治。加之资本常用各种方式来掩饰或淡化自身的意图,在表面上营造出一种人和人之间平等的状态。由于资本主体性的隐蔽性和资本主义生产的欺骗性,表面平等的背后是实质的不平等关系。

1.雇佣关系中的不平等

雇佣关系中,一方是代表资本意志的资本家,另一方是自由的工人。工人将劳动力商品自愿出卖给资本家,建立雇佣关系。马克思说,商品经济是天然的平等派,商品交换实行等价交换和公平交易,在资本家购买劳动力商品的关系中,表面的平等下是真实的不平等。工人表面的自愿实质上是被迫。

工人因何会处于这种自愿和不自愿的悖论当中。"一方面,工人是自由人,能够把自己的劳动力当做自己的商品来支配,另一方面,他没有别的商品可以出卖,自由得一无所有,没有任何实现自己的劳动力所必需的东西。"② 由于工人不占有生产资料,在资本主义商品经济的大环境下,不出卖劳动力,就无法生存,为了勉强生存,只能"自愿"出卖劳动力,劳动力商品的价格或说工人的工资,受到劳动力市场供求关系的影响,资本也尽可能地压低工资以更多获利,在工资待遇方面,工人没有讨价还价的权力,完全受资

---

① 罗骞.论马克思的现代性批判及其当代意义[M].上海:上海人民出版社,2007:152—153.
② 马克思恩格斯文集(第5卷)[M].北京:人民出版社,2009:197.

本的支配。

2.生产过程中的不平等

当资本购买了工人的劳动力商品之后,工人就进入了资本增殖的具体过程中。在具体的生产工作的过程中,工人的工作日长度、工作中时间的分配都由资本家决定。工人必须在资本家设置的工厂中进行生产,空间上的集中,为资本家时刻监督和管理工人提供了便利。可以说,在资本主义早期,不论是时间还是空间的维度上,工人都受制于资本家,丧失了主体性。资本家作为资本的代理人体现出来的控制力,是资本主体性的人格化体现。

3.商品流通中的不平等

产品被生产出来后,需要进入流通环节,实现交换,蕴含在商品中的剩余价值才能实现出来。资本通过各种手段影响、引导甚至生产消费者的需要,保证商品能尽可能多地卖出去,以完成增殖。

商品在本质上是用于交换的劳动产品,只有当商品得到社会的承认,卖出去,商品才完成自身的使命。商品是否能够实现销售,直接决定了生产商品的资本家的命运。马克思指出,商品具有价值和使用价值两种属性,其中使用价值代表的是某一商品的有用性,这一有用性以商品的自然属性为基础,同时也同购买者的需要相关。价值和使用价值辩证统一,虽然是同一商品不可或缺的两种属性,但在现实交换过程中不可兼得。商品的使用价值由购买者占有,可以说,影响商品交换的主要因素是商品的使用价值是否能够契合购买者的需要。个人的需要是一个体系,包含的内容很多,但需求也有上限,资本家尽可能扩大生产,需求的有限性同商品生产数量的无限性之间产生了矛盾。马克思这样描述道:"每个人都指望使别人产生某种新的需要,以便迫使他作出新的牺牲,以便使他处于一种新的依赖地位并且诱使他追求一种新的享受。"①为此,资本家不停地奔走于世界各地,不断开拓世界市场,发掘商品销售的空间。但市场容量总是有上限的,消费的空间容量被发掘殆尽的时候,资本家转而从消费者的需求上想办法,他们借助资本的力量,通过广告、促销等方式催生出新的需要,甚至通过符号消费制造出虚假需求,以实现商品销售的目的。

由此可见,在商品的销售环节,消费者本该占据主动权,拥有选择购买的权利,资本家为将商品卖出去而迎合消费者,这只是表面的情况,资本对消费者需求的影响是隐蔽的,消费者受到的控制对他们自己而言是隐晦不明的。以服饰商品为例,紧跟时尚潮流的人们总是在流行大潮中不由自主地选购流行服饰,并在下一个流行到来之时,将过时的服饰丢掉。又或者是追捧奢侈品的人们总是花上大把的金钱去购买一件商品,价格远远超出了该商品的价值。就连富有的资本家也不例外,也陷入了资本制造的消费迷雾中。

(二)资本主体性的消解与共产主义社会的真正平等

人们对平等数千年来的探寻,仍未找到真正的实现路径,而资本主义社会以法律形式上的平等欺瞒、愚弄、禁锢人们,以隐瞒事实上的不平等。马克思和恩格斯立足于现实社会和科学真理,指出了未来社会实现真正平等的现实路径。恩格斯认为,要看出资本主义法律的漏洞和局限,平等不应当是浮于表面的,也不应当只停留在国家领域,它必须深入群众中,渗透于社会的各个方面,尤其是作为社会基础的经济领域。无产阶级坚持将平等从政治和法律上引申到社会和经济中,以实现整个社会的真正平等。不能只从道义上、法律上讲平等,要运用政治经济学的方法,深入社会经济现实中,

---

① 马克思恩格斯文集(第1卷)[M].北京:人民出版社,2009:223.

研究不平等产生的根源,从根本上解决社会不平等问题。他们认为共产主义实现的是全方位的平等,不再局限于某一领域;是全人类的平等,不再局限于某一阶级、群体;是实质上的真正平等,不再拘泥于形式。因此要对社会进行全面的变革,那么最根本的就是对生产方式进行彻底的变革,建立公有制,进行集体劳动,按需分配,实现人们在生产中的地位和相互关系平等,以实现真正的社会平等。

人类要想追求和实现真正的平等,就必须对平等的内涵进行合理的解读。

首先,平等必须有同一的衡量尺度。马克思在《哥达纲领批判》中分析"按劳分配"时指出:"生产者的权利是和他们提供的劳动成比例的;平等就在于以同一的尺度——劳动——来计量"[①],即以劳动量来衡量贡献大小,从而进行平等的分配。

其次,平等是人与人之间的平等。马克思对"万物平等""齐物平等"之类的平等观进行了批判,他指出这些观念形而上学地抽象出人类和自然界其他生物之间的共同本质即生命,追求一种宇宙有机体的普遍平等。然而在整个生物链中,弱肉强食,一物降一物,这是自然法则和客观规律,不可改变,因此万物平等是不现实的,只具有宗教意义和生物学意义。因而要在同一物种间、在有自主意识的人类间探讨平等。

最后,平等是人与人社会关系的平等。马克思在对人的深入研究中指出:"人的本质并不是单个人所固有的抽象物,实际上,它是一切社会关系的总和。"[②]那么在衡量人们之间是否平等,实质上就是在衡量人们在各种社会关系中是否平等。人们的社会关系又涉及很多方面,在民族关系、男女关系、所有制关系、分配关系等涉及经济利益和人身权利的关系中,平等的讨

---

① 马克思恩格斯全集(第19卷)[M].北京:人民出版社,1963:21.
② 马克思恩格斯全集(第3卷)[M].北京:人民出版社,1960:5.

论才有意义。因为经济是一个社会的根基,社会的其他方面都依赖于它,所以探讨人们社会关系的平等最重要的就是探讨作为其核心和基础的经济关系的平等,以此来实现法权关系、政治关系等各种关系的平等。

总之,平等有统一的衡量标准,是关于人与人而不是人与物,是涉及社会关系尤其是经济关系的。平等即人在同一尺度下以生产关系为核心的人与人之间的社会关系平等。以前社会由于对平等内涵的错误理解,所以不能采取正确的方法来实现平等,因此未来共产主义社会必须准确定义平等,以实现人类社会的真正平等。

1.共产主义的平等是全面的平等

唯物辩证法要求人们要系统全面地看问题,那么对待平等问题也要全面看待。因此共产主义所要追求的平等是全面的平等,绝不能因为实现某一领域的平等就止步不前,如果只是目光短浅地局限于某一领域的平等,而不突破其他领域的界限,那么就连这一领域取得的成果也难以捍卫,所产生的净土也会遭到践踏。在原始社会、生活在共同体中的人们没有私有概念,不存在阶级,也就没有剥削和压迫,人们处于平等状态,但这是一种没有自我意识的自发的平等。人们的生产劳作只是简单地为了生存下去,因此实现的平等也只是局限在生存权上的平等,只具有生物学意义。在私有制社会,统治者不愿把自己的权力、地位和利益让渡给被统治者,只是为了维护阶级统治才会宣传所谓的"平等",这些平等只是精神上、法律上等某一领域的片面的、虚假的平等。只有到共产主义社会,没有阶级特权,没有私人利益,人们从各种限制压迫中解放出来,才能实现真正的平等。到那时要想人的类本质得以复归,自由得到实现,自身得以全面发展,对于平等的要求就不能局限于生物学意义上的平等,而是要实现全面的平等。

未来共产主义社会首先要实现经济上的平等,因为经济是基础,决定着社会的其他一切方面。通过公有制的建立,人们在生产资料占有上实现了平等,可以充分利用社会资源进行生产劳动,最大程度地发展自身;通过形成平等的分配方式,人们的合理需要都得以满足,无须抢占他人的产品来满足自己;通过建立生产中平等的地位和相互关系,人们之间和平共处,相互合作。经济上的平等自然也会促使其他方面的平等诉求得以满足,人们在政治上也会实现平等,人们拥有平等管理和治理社会的权利,为社会发展建言献策;人们享有文化领域的平等,有创作、出版、言论的自由,在精神上富足;人们在社会领域也是平等的,拥有平等的发展机会,实现自我价值,享受平等的福利待遇,在教育、医疗、养老等方面都有保障,实现人生幸福。此外,由于每个人得到全面的发展,可以胜任社会的任何工作,那么不再会因为个体差异过大,导致性别上的歧视、职业上的歧视,从而实现人类全面的平等。

2.共产主义的平等是全人类的平等

在私有制社会,阶级固化,等级森严,统治阶级不断奴役、压迫被统治阶级,牺牲被统治者的利益来维护自身利益,社会到处充斥着不平等,致使平等难以有生长的空间。即使存在平等也只是阶级内部的平等,只属于少部分人的平等,真正到了共产主义社会才能克服这种局限性,实现全人类的平等。社会中曾留存着一种古老的观念,人类生来就存在差异,并在发展过程中不断扩大,因而人类只能在属于人的最基本的共同点范围内实现平等。恩格斯认为这是一种肤浅、粗陋的观点,对其进行了批判并提出现代社会的平等要求。他主张不要因为人类共同点的有限性就否认全人类平等的可能性,而正是要从人就是人这一最基础、最普遍的共性出发,得出全人类至少是一个国家、一个民族的人要拥有平等的权利和地位。原始公社就不承认所有人都是平等的,只是将平等的权利赋予自己公社成员,并自然地将妇女、奴隶和外地人排除在外。封建社会也未承认一切人的平等,统治者与被统治者间固然是不平等的,即使统治者为了享受民众带来的利益给予他们一定的平等权利，但这种平等也不是社会里全部的人的平等，而是将民众进行严格的等级划分。在中国古代就有士、农、工、商的社会阶层划分，每一阶层地位和权利都不相同，即使都是统治者的子民，但是被赋予的权利还是不同的，平等至多只能存在于每一个阶层内部。在资本主义社会中，资产阶级宣扬法律面前人人平等，承认和保护人权，但是这种平等也不过是虚伪的说辞，无论是在国内剥削劳动者，还是在国外掠夺财富，都能看出资本主义社会中实际的不平等，而且在资本主义国家中还存在着严重的种族歧视，种族矛盾冲突不断加深。因此他们所主张的"平等"实际上是虚假的平等，是有局限的平等，只能看作资产阶级维护自身统治时阶级内部的平等。在宗教世界中，基督教宣扬人生来都是有罪的，在这一点上整个人类都是平等的，但并没有承认人们在其他方面的平等。宗教不过是颠倒的世界观，是统治者进行阶级统治的工具，它所阐述的观念是站不住脚的。因此由于受多种因素的限制，特别是受生产力发展水平和生产关系形式的限制，共产主义社会以前的社会形态难以实现全人类的平等，所以实现全人类平等的历史夙愿就寄希望于共产主义社会了。

"平等是法国的用语，它表明人的本质的统一、人的类意识和类行为、人和人的实际的同一，也就是说，它表明人对人的社会的关系或人的关系。"① 因此必须在全人类范围内、在最广泛的人际关系中研究平等才有完整意义。平等作为一种意识形态、一种观念的上层建筑，它是由社会的经济基础决定的，在物质没有富裕到能够满足所有人的需要的时候，人们之间就会有竞争和压迫，就不可能实现社会的平等。然而如果未来人们需求得以满足，但还是存在国家、阶级这些旧的政治形式，也是难以实现人类的平等的。因为阶级的划分就会造成人们之间的差异，国家的存在就会造成人们之间的隔阂，

---

① 马克思恩格斯全集(第2卷)[M].北京:人民出版社,1957:48.

所以未来共产主义社会就必须消灭国家和阶级,建立自由人联合体,每个人都是联合体的一员,除了个体自身的差异外,没有社会待遇上的差异,这时才能实现整个人类的平等。

3.共产主义的平等是实质上的平等

共产主义社会要实现的平等绝不是表面的、形式上的平等,而是真正把平等的权利交到每个人手中,让平等思想在社会中牢牢扎根。然而社会中有些人只是肤浅地追求形式上的平等,并没有理解平等的真谛。马克思在《共产党宣言》中对历史上空想社会主义者进行了批判,他们认为共产主义就是平均,他们鼓吹"普遍的禁欲主义和粗鄙的平均主义",认为人要克制自己的欲望,坚持平均主义的原则,就能实现人类平等。恩格斯在《反杜林论》中对杜林提出的"激进派的平均主义社会主义"进行批判,列宁也曾批判机会主义者散布的平均主义谬论,毛泽东更是指出"平均主义"是农民、小资产阶级的一种幻想,是落后的、反动的思想,必须要加以批判。马克思主义经典作家们批评这些持平均主义思想的人把问题简单化、机械化了,实现共产主义的平等绝不是靠着给予人们同等量的权利和物质就能实现,社会个体都具有差异,需求不同,自我实现的难度不同,因此不能靠量上的平均来实现每个人的平等发展。共产主义社会坚持按需分配,就是为了尽最大可能满足每个人的需要,实现一切人的自由全面的发展。因此每个人分配的并不是同等的东西,但并不意味着人们处在不平等的关系中,不要只关注量上的多少,要看实质上人们需求是否得以满足,不是追求形式上的量的平均,而是实现根本上的质的平等。

马克思主义经典作家用很重的笔墨来批判资本主义社会的不平等,不是因为这一社会时期的不平等达到了最高峰,相反它比奴隶社会和封建社会不平等的程度更轻,而是因为资本主义社会的不平等具有隐蔽性,容易麻痹、蛊惑群众,因此要对其进行无情的揭露、彻底地批判。资本主义社会只是以法律在形式上确定了人们的平等权利,但在社会事实中,人们还是处在统治者的剥削、奴役之下,人们还没有获得真正的平等。马克思认为,看待问题不能浮于表面,要善于透过现象看本质,因此要深入社会经济关系中,消灭不平等的根源。因此从不平等到平等是实现质的飞跃,是一种根本性的变革,不是减轻剥削程度、安抚群众就能实现平等的,共产主义是撕碎一切虚伪的面具,通过最彻底的革命来实现人类社会的真正平等。

(三)以生产方式的彻底变革实现真正的社会平等

1.实现生产资料占有上的平等

生产资料所有制是指"个人在一定社会形式中并借这种社会形式而进行的对自然的占有"①,它是生产关系的核心和基础,决定社会生产的其他方面。追溯生产资料所有制发展的历史过程,它存在过多种形式,但总体上可分为两大类:公有制和私有制。其中私有制在人类社会中存在时间最长,人类遭受其迫害已久。在奴隶社会的私有制下,社会中的所有资料包括奴隶的人身全归奴隶主所有,奴隶没有人身自由,由其主人支配劳动、决定生死;在封建社会的私有制下,大部分生产资料特别是土地归封建主所有,农民几乎没有生产资料,不得不依附他们;在资本主义社会里,资本家占有全部生产资料,而与之对立的阶级即无产阶级却一无所有,他们为了生存必须依赖资本家手中的生产资料,与之结合获得生活所需。在资本主义社会里私有制发展到最高形式同时也是最终形式,以前所有制的变革不过是私有制内部自身的变革,并没有实现质的飞跃,而到资本主义社会,生产形式发生改变,由个体手工业转向机器大工业,社会中的生产资料由劳动者共同使用,生产模式由个体独立完成到集体共同进行,从而提高了生产的社会化程度。

---

① 马克思恩格斯全集(第12卷)[M].北京:人民出版社,1962:737.

然而资本主义社会的私有制与这种社会化了的生产形式相排斥,生产越发展与私有制就越冲突,最后导致整个社会矛盾升级,其中最突出的表现就是经济危机频繁爆发,社会混乱,生产受阻,发展停滞,人民生活苦不堪言,因此共产主义社会不再是变革而是要彻底废除阻碍发展的私有制,建立公有制来实现社会的平等。

马克思对资本主义社会的经济事实进行深入研究,揭露了掩藏于其中的深刻的不平等,他指出:"罗马的奴隶是由锁链,雇佣工人则由看不见的线系在自己的所有者手里。"①前资本主义社会中的不平等是显而易见的,资本主义社会中的不平等则是在虚假面具掩盖之下的,是隐蔽的不平等。以法律名义确定的"平等"事实上是在承认不平等的合法性。马克思指出,在资本形成过程中,生产资料脱离生产者,逐渐被掌握在资产阶级手中,成为他们用来获取剩余价值的资本,而直接使用生产资料的劳动者却失去自己谋生的资料,因而不得不到资本家开设的工厂里劳动来获取生活所需,受资本家支配,成为靠工资生活的雇佣工人。资本家在资本积累过程中逐渐发家致富,而劳动者却逐渐失去赖以生存的资料,直到最后他们一无所有,成了无产者。劳动者与资本家相比,在财富占有和社会地位方面都处于不平等的地位。

无产阶级要推翻资产阶级统治,消灭剥削和不平等,实现每个人自由而全面的发展,建立一个自由人联合体,因此就必须铲除资本家存在并得以发展壮大的根基——私有制。马克思指出"共产党人可以把自己的理论用一句话表示出来:消灭私有制"②,为此需要找到合适的方法,进行不懈地斗争。马克思主张与传统的所有制关系进行最彻底的决裂,要消灭私有制,使全部生产资料由联合起来的劳动者共同占有。马克思用公有制代替私有制的观

---

① 马克思恩格斯全集(第23卷)[M].北京:人民出版社,1972:629.
② 马克思恩格斯全集(第4卷)[M].北京:人民出版社,1958:480.

点受到了小资产阶级社会主义者的攻击,他们囿于小生产私有制观念,认为如果不把生产资料握在自己手中就不能说是对它的占有,公有制是对个人的剥夺。作为这一思想的代表,蒲鲁东就对资本主义的私有制和共产主义的公有制都持反对态度,他主张以个人占有为基础的互助模式。他认为资本主义社会是强者对弱者、有产者对无产者的剥削,而共产主义社会是弱者对强者的剥削,能力弱者、懒惰者可以凭借公有制获得同样甚至更多的生产资料,这是对强者和付出多的人的不平等。马克思批判他这种思想是小资产阶级庸俗思想,虽然打着社会主义的旗号,实则是在开历史的倒车,要退回小生产时期的生产资料的个人占有制,这仍然是要回到生产资料私人占有,无法从根本上实现社会平等。还有一些经济学家观察到资本主义社会的一些经济现象,如资本集中和集聚带来的巨大效益展现出占有越多生产资料的益处,资本主义社会化大生产创造了巨大的社会财富,甚至比以前历代积累的所有财富都要多,所以他们认为资本主义社会有很多可取的地方,值得学习借鉴,其中发展起来的股份制十分合理,值得保留。然而在股份制中,资本家通过股票仍占有和控制着资本,把生产资料掌握在自己的手中,它看似是采取联合的共同所有的形式,但实质上是私人的资本和资本的联合,目的是加大对雇佣劳动者的剥削,是不会实现社会主义平等的,因此只能把它看作是私有制到公有制的过渡形式,而不能当作最终形式。

众多思想家对未来社会所有制进行了不同的设想,马克思则提出了"重建个人所有制"的构想。马克思认为:"把现在主要用作奴役和剥削劳动的工具的生产资料、土地和资本变成自由集体劳动的工具,以实现个人所有权。"[①]这种个人所有制并不是个人掌握可凭自己意志支配的生产资料的私有权,而是联合起来的个人掌握全部生产资料的所有权,每个人都处在这

①　马克思恩格斯全集(第17卷)[M].北京:人民出版社,1963:362.

一联合体中,不再是孤立的个体。这一所有制的前提是生产资料归社会所有,人们在社会联合体中享有对生产资料的平等管理权、支配权,让社会成为一个巨大的资源宝库,任何劳动者都可以凭借着自己的合理需要来使用生产资料,这样不会因为受到生产资料的限制而阻碍生产力的发展及人自身的发展,人们的需要得到平等的满足,从而也得到了平等发展的权利,因此人们在社会中是处于平等的地位。

2.实现劳动产品分配上的平等

在分配方式方面,奴隶社会与封建社会的不平等显而易见,而资本主义社会则相对隐晦。因为劳动者是资本主义法律所承认的自由人,能把自身劳动力当作商品在市场上出售;资本家占有生产资料,具有购买能力,可以在市场上购买劳动力商品,通过劳动力和生产资料相结合创造出新价值。由此工人通过劳动获得了工资,资本家凭借预付资本得到了利润。在表面上,双方在生产过程结束后都得到自己应得部分,分配方式极其合理,然而工人所得工资只是自身劳动力的价值,并不是自己劳动所创造的全部价值,他们所生产出来的价值除了补偿资本家们预付的工资外,还有一部分剩余价值是被在经济上处于优势地位的资本家所无偿占有的。资本家宣扬自己是通过占有的生产资料和购买的劳动力合理获得利润,从而掩盖自己剥夺工人创造的剩余价值的事实。事实上,在这一分配关系中,工人获得的工资只是自己生活必需品的价值,能够补偿自己消耗的劳动力,从而进行生产和再生产,并没有分得自己生产出来的剩余价值,剩余价值只是在资本家内部进行分配。马克思对剩余价值的不同表现形式进行分析,得出全部剩余价值都归整个资产阶级所有,只在产业资本家、商业资本家、信贷资本家和土地所有者之间分配,工人不仅受直接雇用他的资本家剥削,而且受整个资本家阶级剥削,工人劳动只能获得生活所需,仍处于不平等地位。由此也可以得出,资本主义分配方式是按生产要素分配,是职能资本所有者按照出资比例依法获得收入的方式,劳动者不占有任何生产资料,没有分得任何剩余价值,资本家支付工人工资只是获得利润不得不耗费的成本。

在资本主义私有制下,资本具有逐利性,为了获得更多的剩余价值,资本家要激发劳动者生产积极性,就会增加工人工资,但资本家并不会无缘无故地多付给工人工资,而是有前提条件的,那就是让工人给他们带来更多利润。他们通过计时工资来鼓励工人延长劳动时间,通过计件工资来迫使工人提高劳动强度,表面上看来工人付出越多的劳动就能得到越多的报酬,因此一些资产阶级经济学家宣称资本主义的分配方式是平等的按劳分配,但这只是资本家为了掩盖自己剥削本质的虚假面具而已。实际上,工人工资的获得数额和他们的实际劳动量并没有必然的联系,资本家会按工人给他们带来的利润多少而论功行赏,不管工人是通过何种途径,也不管工人付出了多少劳动,他们眼中看到的只有利益。此外工人工资还受劳动力的供求状况及工人和资本家的力量对比这些因素的影响,绝不是单纯地凭劳动者的劳动量进行分配,而且分给工人的本就不是剩余价值,只是为了弥补工人损耗的劳动力,让他们得以再生产,继续为自己服务,因此分配方式不是按劳分配。消费资料的任何一种分配方式,都是由生产条件所决定的,体现生产关系的性质。因而在资本主义私有制下,生产资料都掌握在资本家手中,劳动者不占有任何生产资料,资本家雇佣劳动者来为自己服务,工人在经济上处于一种异化状态,所以也决定了在分配上劳动产品也不归劳动者所有,只能处于不平等状态。马克思指出:"认识到产品是劳动能力自己的产品,并断定劳动同自己的实现条件的分离是不公平的、强制的,这是了不起的觉悟,这种觉悟是以资本为基础的生产方式的产物,而且也正是为这种生产方式送葬的丧钟。"[①] 因此意识到资本主义分配方式是非正义的、不平等的,要

---

① 马克思恩格斯全集(第30卷)[M].北京:人民出版社,1995:455.

改变这种分配方式就要彻底变革生产方式,最重要的就是废除私有制来改变整个生产关系,从而实现分配方式上的平等。

马克思提出未来社会要用公有制代替私有制,对资本的私人所有权所导致的分配上的不平等进行尖锐的批判,同时也对未来社会的分配原则进行了设想。他提出未来共产主义社会初级阶段应该遵循按劳分配原则,到高级阶段则要遵循按需分配原则。他对按劳分配进行了集中的论述,认为按劳分配就是从社会总产品中扣除社会正常运行和扩大再生产所需要的部分后,等量劳动获取等量报酬。这是一个相较按资分配原则来说比较平等的分配原则,在这种分配方式中,被扣除的那部分不是被个人所得,而是用来满足社会的公共性需要。这里的劳动者都能被平等地看待,按照劳动贡献的大小来获得收入。但是这种平等的原则只是形式上的,并不是实质上的。因为它默认人的先天天赋和后天培养成的能力都是人的特权,人在这上面的差异所导致的劳动报酬不平等是合理的,同时它也默认了工人由于家庭负担不同所导致实际所得不平等是合理的。因此按劳分配仍旧无法实现真正的平等,它的进步性是有局限的,马克思寄希望于未来高级的共产主义阶段,以按需分配来实现分配上的真正的平等。

关于未来的分配方式,马克思设想在共产主义社会高级阶段,社会财富在人们之间自由流动,人类思想觉悟极高,各种对立消失,每个人都会尽自己所能发展自身,服务社会,因此人们不需要抢夺资源和财富,自愿根据自身需求来进行分配。他认为未来社会应以人为本,尊重人的要求,以人的需要为尺度来分配,而不再以其他外在的因素来衡量。这里的需要当然不是不合理、不健康的需要,因为这一分配方式是有它的社会背景的,是在共产主义高级阶段,这时的社会物质财富极大富足,人们精神境界极高,因而人们的需要不再是受压抑的、扭曲的畸形需要,而是为了使人自由全面发展的需要。每个人都有个性差异,如果按照统一的标准来分配,那么无法满足每个人的合理需要,因此要坚持按需分配,赋予每个人需求得以满足的平等权利,虽然分配到的资源数量不同,但是却使得人们得以自由而全面的发展,实现了自己的本质,这种分配方式才是真正地实现了社会的平等。要想实现这种分配方式,必须大力发展生产力,丰富社会物质财富,消除旧式分工和脑体对立,使得劳动不再只是谋生的手段,而成为生活的必需品,从而使人的本质得以复归,实现人类社会的平等。

3.实现人们在生产中的地位和相互关系平等

因为一个社会的经济是基础,政治和文化不过是它的反映,因此表现在阶级、性别、教育等方面的不平等实际上都是人们在经济、生产地位和相互关系中不平等的表现,因此要实现社会各方面的平等就要实现在人们经济事实中的平等,使得人们在生产中处于平等的地位,形成和谐的关系。因为生产资料所有制决定人们在生产中的地位和相互关系,那么要使人们在生产中有平等的地位和关系,就要建立适宜的所有制关系。纵观人类历史,凡是私有制社会,人们在生产中的地位和关系都是不平等的。在奴隶社会,奴隶主占有全部的生产资料和奴隶的人身,奴隶主可以吩咐奴隶做任何事情,丝毫不把奴隶当作人来看待,只是当成他们的一个附属品,可以打骂、买卖和杀害,因此在这种生产关系中人们所处的地位是极端不平等的。在封建社会,地主阶级占有主要的生产资料——土地,而农民只拥有简单的生产工具,在地主的土地上劳作,上交大部分劳动所得,自己只能保留一部分维持自己及家人生存所需的生产资料,在遭受自然灾害、粮食收成减少、赋税并没有减轻时,农民甚至难以生存,因此在封建社会的生产关系中,人们也处在不平等的地位。在资本主义社会,资本家占有全部生产资料,劳动者虽然与以前社会相比也没有生产资料,但是它们拥有了人身自由,在法律上是平等的,然而在生产中的地位和关系仍然是不平等的。资本家是生产资料的拥有者,生产什么、生产多少、如何生产都是由他们自己来决定的,工人看似平等地出卖自己的劳动力,实则是出卖了自己的人身,生产中的指挥权和管理权都掌握在资本家手中,自己只能是被支配、被统治。在私有制社会是不可能实现人们在生产中的地位和关系平等,从而也难以实现在其他方面的平等。

马克思认为,资本主义社会经济领域中体现的平等只是形式上的平等,他深入研究国民经济事实,揭示出了由于私有制的存在而产生的异化劳动现象。在马克思看来,由于私有制的存在,工人只是出卖自身劳动力的奴隶,他只要发挥自己劳动力的价值就完成了使命,而生产出来的劳动产品和他们没有关系,只能为资本家所有,因此劳动者就和自己的劳动产物相分离,表现为与产品相异化。劳动本来是劳动力所有者有意识、自由的活动,然而在私有制下、在雇佣关系中,工人只能听从生产资料所有者的安排,被迫地进行劳动,使得工人受到束缚和压迫,身心畸形发展,表现为与劳动相异化。人和其他动物一样都能进行生命活动,但人类可以进行自由且有意识的活动,可以进行生产实践,这就是人与动物相区别的类本质,但资本家并没有把劳动者当作人来看待,只是把他们当作生产机器,把付给他们的工资当作机器损耗的补偿和保养的花费,因此工人似乎不再具有属人的性质、只是机械地劳动着,像动物一样本能地、无意识地活着,使得人与自身相异化。上述的产品异化、劳动异化、人的类本质异化,必然导致人与人的关系异化。当人与自身对立时,他也同时与他人对立,这种异己的对抗集中表现在资本家与工人的生产关系中,资本家高高在上,工人成为最低贱的商品,由资本家自由挑选和买卖,为资本家赚取剩余价值,工人阶级被物化、非人化,两个阶级表现出来极不平等的关系。所以未来社会要实现社会的平等,就要实现生产领域的平等。马克思指出:"社会从私有财产等等解放出来、从奴役制解放出来,是通过工人解放这种政治形式来表现的。"①工人要勇于斗争,争取自己在生产中的地位和相互关系平等,占有经济上的平等地位,才能实现在社会其他方面的平等。

人们在生产中的不平等不仅表现为资本家和劳动者之间的不平等,还表现在劳动者这一群体内部的不平等,即表现为工农对立、脑体对立、城乡对立这"三大差别"。这些差别和对立把人们局限在不同的生产领域,由此获得的生产条件不同,生产效率和生产价值不同,自然所处的地位也不同,因此必须要消灭"三大差别"。首先,最根本的途径就是大力发展生产力,当社会生产力普遍发展,创造丰富的物质财富,人们的需求得以满足时,就不用再受社会分工限制,可以自由地选择自己喜爱的职业,从而工农对立、脑体对立和城乡对立得以破除。其次,消灭旧式分工是消灭"三大差别"的必要条件。恩格斯在《反杜林论》中指出,劳动是人类所特有的能力,这一能力随着人类的发展而提高,同时它又反过来促进人类脑力、体力等各方面能力的提高。通过劳动,人类创造出多样的产物满足自我需求和社会需求,促进人类全面发展,推动社会进步。每个人天生存在个体差异,劳动能力大小和所擅长的领域都是不同的,只有从事适合自己的工作,才能在劳动过程中最大程度地实现自我价值和社会价值,才能有获得感和成就感,感受劳动的快乐,积极主动投入劳动中去。然而社会的统治者掌握众多的生产资料,由于没有认识到劳动的积极意义,他们凭借这一优势购买他人的劳动力为自己生产所需要的产品。又因为他们的需求是多种多样的,他们就迫使劳动者进行分工,从事不同的工作,生产不同的产品。这种旧式的分工不是按劳动者的喜好而是按资本家的需求,所以劳动者在压抑中畸形发展,劳动不再是使劳动者快乐的活动,而成为奴役他们的手段。分工自原始社会就存在,其

---

① 马克思.1844年经济学哲学手稿[M].北京:人民出版社,2000:62.

存在的意义在于更有效率地进行生产。共产主义社会要消除的分工是旧式分工，是把人局限在某一个领域里的片面化发展的分工。共产主义不是不存在分工，而是使分工以合理的方式存在。这种分工是在人得以自由全面发展的前提下，可以根据自己的喜好和社会发展自主、自愿选择自己的职业，因此人们之间的不平等就会消失。再次，发展教育事业也是消除"三大差别"的重要方式。教育的片面化使得人难以全面发展，只能局限在自己所擅长的领域，因此必须发展综合教育，促进人的全面发展，才能更好地消除人的差别。

总之，要想实现人们在生产中的地位和相互关系的平等，就必须改变人的发展形态，使人从对人的依赖、对物的依赖转变为人在各种关系中的平等和独立，实现自由全面的发展。为此要发展科学技术，提高社会生产力，促进人的交往扩大，消灭旧式分工，促进"三大差别"消失。当人们在生产中获得平等时，自然也会获得其他方面的平等。

"平等"这一命题的设立正是由于社会中有不平等现象存在才具有意义。人类历史是一部追求平等的历史，社会进步是一个从不平等到平等的渐进过程，因此平等是衡量历史发展、社会前进的一个重要尺度。平等关乎人类切身利益和社会长远进步，因此必须不懈地追求以致实现它。但对于平等的研究和追求不能陷入伦理学教条，只追求道德上的平等；也不能限于法学原则，只寻求法律关系上的平等；而要深入社会经济事实中，对生产方式进行彻底的变革，追寻未来共产主义社会真正意义上的社会平等。

三、和　谐

和谐是我们不断追求的美好目标，马克思在对资本主义社会中的不和谐现象进行批判的同时，也展望了共产主义社会的和谐。按照马克思的理解,共产主义社会中的和谐包含了人与自然和谐共生、人与人之间和谐友善、人与自身和谐发展、人与社会相互促进。这四个方面的和谐共同构成了马克思所设想的共产主义和谐社会,是人类最理想、最美好的社会形态。

可以从如下三个方面来理解共产主义:第一个方面是共产主义理论,即共产主义思想,马克思的共产主义理论是一种关于社会历史发展规律和社会制度变革的科学理论,它对资本主义社会的批判和社会主义革命的展望,为人类社会的未来发展提供了重要的思想指导。第二个方面是共产主义是现实运动,即共产主义运动,指的是无产阶级在其政党的领导下,为实现共产主义理想而为之奋斗的历程。第三个方面是共产主义社会,共产主义社会是建立在实现共产主义远大理想基础上的人类最美好的社会制度。共产主义社会是人类历史上的理想社会制度,共产主义社会继承了人类历史上所有社会的优秀成果,并克服了资本主义社会中的各种不和谐关系,在物质与精神方面表现出人们对于美好社会的追求,共产主义社会是人类最理想、最美好的社会形态。

(一)资本主体性与资本主义社会中的不和谐

马克思对资本主义生产方式促进生产力发展的作用予以肯定,人类社会生产力在工业革命后快速发展,经济发展迅速,但资本的本性促使其作为主体,运用一切对象实现增殖,使得在资本主义社会中处处透露着不和谐。资本主义社会是私有制下以追求利润为核心的社会制度,虽然资本在推动生产力和经济发展方面取得了巨大成就,但同时也存在诸多弊端,包括资本主义社会下资本与生态环境的对立,资本的发展加剧了生态危机。在资本主义社会中,人们会更多地追求物质利益和个人利益,人们的精神生活也受到物质和功利的影响,使得人与人之间变得疏离,尤其是存在着资本家对劳动者的剥削。

1.人与环境的不和谐

生态学马克思主义理论家福斯特认为,生态环境和资本主义是互相对立的,生态和资本之间的对立整体表现在两者之间的相互作用中,可以说资本主义生产方式的存在,使得反生态就是一种逻辑上的必然结果。人与环境的不和谐并不是自然而然产生的,这种不和谐伴随着人类的实践活动而产生。工业革命前,人类的生产力水平低,对自然的干预能力有限,人与自然处于一个和谐共生的状态,此时的人类活动虽然对环境有所破坏,但并不能很大程度上造成生态问题。工业革命后,人类社会生产力高速发展,达到以往社会从未达到的高度,经济发展迅速。资本主义社会产生后,科学技术得到前所未有的进步,物质文明也变得相对发达,人类活动对自然环境的影响作用愈来愈大。而资本无限制追求增殖的本性及无限扩大生产的趋势,使得生产对原材料的无限需求和自然界有限资源之间的矛盾无法克服。资本主义生产把资本尽可能地转变为商品,再把商品尽可能地兑换成资本,周而复始地循环扩大,资本积累日渐突破自然环境的限制,对自然环境造成巨大伤害。

第一,生产与自然的不和谐。人类不断去探索自然,在探索自然的过程中不断深化对自然的认识,从原始社会时对自然的敬畏和服从,到农业社会人们利用自然进行简单生产,再到工业社会不断对自然掠夺,破坏生态环境。恩格斯认为,我们对自然的掠夺到最后都会变成自然对人的报复,他提醒我们,不要因为对自然界的胜利而沾沾自喜,人类每一次征服的胜利,自然界都报复了人类。资本家利用科技野蛮地征服自然,不断对自然进行索取,引起资源短缺,让人与自然相对立,后果就是资本主义国家的人与环境的不和谐。"资本主义国家的生态问题比我国早出现80—100年,与其工业化和城市化发展,以及资本主义社会价值观的异化有密切关系。"①

　　资本主义社会下的资本逻辑是导致资本主义生产对原材料的无止境需求与自然界有限的原材料的矛盾的原因。资本主义社会下的资本逻辑既是资本家对利润的最大化追求,也是资本的本性。在资本主义制度下,资本家们会最大限度地为自己争得利益,而在充满竞争的世界市场中,资本家为在充满竞争的市场中保持自身优势地位,他们会不计后果地对原材料进行掠夺,他们不会在乎这种野蛮式的掠夺对自然环境造成多大的伤害,也不会关心自然生态环境的平衡是否被他们的所作所为所破坏,他们在乎的只有自身眼前的利益。马克思称:"资本害怕没有利润或利润太少就像自然界害怕真空一样。"②资本主义社会的资本家所关心的永远是付出最小的代价获得最大的利润,追求短期利益,而对于其他"无关利益"的生产和环境的和谐的问题,资本家毫不在意。在此情况下,资本家们在疯狂追求利润的时候,不顾自然基础,不断对自然资源进行大肆掠夺,必然会使自然资源走向枯竭,生态环境不断被破坏。这种生产与环境的不和谐,是资本主义生产的必然结果,追求利润最大化的资本主义生产方式是导致人与环境不和谐的根本原因。

　　资本主义社会的资本生产与生态环境之间存在着严重的矛盾。资本主义经济的追求利润最大化和经济增长,导致了对自然资源的过度开采、环境污染和生态破坏,这对生态环境造成了严重的影响。资本主义追求利润最大化导致了对自然资源的过度开采。资本主义社会的资本生产不断加大对矿产、森林、水资源等自然资源的开采和利用,导致了资源枯竭和生态系统失衡。例如,大规模的石油、煤炭开采导致了地下水位下降、土壤侵蚀等问

---

① 冉昊.生态危机与生态治理:基于中西制度差异的比较分析[J].广西师范大学学报(哲学社会科学版),2020,56(06).

② 马克思恩格斯文集(第5卷)[M].北京:人民出版社,2009:871.

题,森林砍伐导致了生态系统的破坏,这些都是资本生产对自然资源过度开发的结果。此外,资本生产的发展过程中产生了大量的环境污染,工厂排放的废气、废水和固体废物对环境造成了严重破坏,化工厂、矿山、垃圾填埋场等工业设施对周边环境产生了负面影响。这些环境污染问题直接威胁到人类的健康和生存,同时也对生态系统造成了不可逆转的破坏。为了追求经济增长,资本家采用了大规模工业化生产和高能耗、高排放的生产方式,这不仅加剧了资源消耗和环境污染,也加速了生态环境的恶化和气候变化。

第二,资本扩张与自然的不和谐。资本除了通过扩大生产追求增殖会导致人与环境的不和谐外,资本的循环扩张规律也是与生态和谐原则相违背的。资本要通过不间断的循环周转才能增殖,资本主义生产方式下,资本必须通过不断循环周转才能实现资本积累。资本被投入生产,增加商品数量还不能实现增殖,只有商品销售出去了,蕴含在商品中的剩余价值转换成一定量货币,这部分货币再次被投入生产,才能实现资本积累。资本就是通过这一周而复始的循环积累过程,完成了最大限度的增殖和扩张。剩余价值被再次投入生产,资本不断循环周转实现扩张是资本主义生产的必然要求。资本家当然愿意让这种无限膨胀不停地持续下去,但自然界的有限性不允许,也不能容纳资本的无限膨胀。于是凭借其自身经济和科技的优势,发达资本主义国家就把破坏生态的生产转移到相对落后的国家,这正是污染输出和资源掠夺。今天的西方发达资本主义国家的繁荣是依靠不平等不合理的国际分工和交换体系,依靠发展中国家廉价的劳动力和资源,通过转移高污染、高消耗的产业到发展中国家实现的。资本的无限循环扩大的趋势导致人与环境的不和谐,威胁着人类赖以生存的自然环境和人类的可持续发展。

在资本主义社会中,资本的循环扩张忽视了对环境的保护和可持续发展。为了实现资本的循环扩张,企业往往会采取高能耗、高污染的生产方式,大量排放废气、废水和固体废物,严重破坏了生态平衡。这种环境污染不仅影响了人们的生活质量,也对自然生态系统造成了严重的破坏,加剧了人与环境之间的不和谐。资本主义社会中的资源过度开采和浪费也导致了人与环境的不和谐。为了满足资本循环扩张的需求,企业和个人往往会过度开采自然资源,导致了资源的枯竭和生态系统失衡。同时,由于生产和消费模式的不合理,大量资源被浪费,加剧了资源的紧缺和环境的破坏。这种资源过度开采和浪费使得人类与环境之间的关系更加紧张,加剧了人与环境的不和谐。为了实现资本的循环扩张,大量的土地被开发利用,导致了生态系统的破坏和生物多样性的丧失,城市化进程产生的大量建筑垃圾和污水排放也对环境造成了不可逆转的影响。此外,由于大量的温室气体排放和森林砍伐,全球气候发生了变化,导致了极端天气事件的频繁发生和生态系统的不稳定。这种气候变化不仅影响了人类的生存和发展,也对自然环境造成了严重的影响,加剧了人与环境之间的不和谐。

2.人与人的不和谐

第一,资本导致异化。在《1844年经济学哲学手稿》中,马克思第一次提出了"异化劳动"的概念,对资本主义社会进行批判。马克思认为,劳动是人自由自觉的活动,是人的本质,但在资本主义私有制的条件下却发生了异化。资本不是简单存在物,而是一种生产关系,马克思指出,资本不是物,而是属于一定历史社会形态的生产关系。资本导致的异化同人与人之间的不和谐有关。劳动的异化发生在人与劳动之间,人与自身类本质之间,人与自己的劳动产品之间,以及人与人之间。在马克思看来,劳动本应是人自由自觉的活动,但在资本主义制度下,私有制让劳动变成了一种强制性的被迫工作,工人在资本的奴役下非自觉非自愿地进行劳动,工人失去了自由,创造的劳动产品也并不属于自己,工人失去了本该在劳动中实现的人的本质价值,彻底沦为了为资本创造剩余价值的机器。在此情况下,劳动者在劳动中创造了更多的财富,获得的只有贫穷和痛苦,而资本家却能通过剥削劳动者获得巨大的财富。正因为如此,资本主义制度下,人与人之间的关系变成了市场经济中商品的物化关系,人与人之间的关系寄托在了冰冷的商品上,那么人与人之间的交往中就不会再有人的情感、道德的存在,就变成了简单的利益交换等形式。

资本主义制度下,人的异化还体现在阶级对立上。资本主义社会中,生产资料是被资本家私人占有,劳动者使用生产资料进行生产,所生产的劳动产品归资本家所有,资本主义私有制和社会化大生产的矛盾就体现为资产阶级和无产阶级的矛盾。资产阶级发动资产阶级革命推翻了封建社会制度,将封建地主阶级和农民阶级的矛盾转变成了资产阶级和无产阶级的矛盾,阶级对立的资本主义社会中,矛盾、冲突充斥在不同阶级的人群中。

第二,利益分配的矛盾。资本主义社会中的分配是不公平的,资本主义私有制是其根源。马克思认为,资本主义社会不合理的社会分工和分配方式会导致资本主义社会下人与人的对立。"随着分工的发展也产生了个人利益或单个家庭的利益与所有互相交往的人们的共同利益之间的矛盾。"①协调人们之间的利益分配,公平地保证人们的利益需求得到满足,这是分配制度存在的主要目的,但在资本主义社会,所谓的分配制度只是为了维护统治阶级的利益,对于劳动者来说,形同虚设。资本主义社会的人是"自由"的,但那只是法律层面,现实是劳动者并不能掌握生产资料进行劳动,生产资料是归资产阶级所有的,而无产阶级一无所有,劳动者和生产资料相分离,只能出卖自己的劳动力给资产阶级,依靠自身劳动力来获取工资,而劳动所产生的剩余价值就尽归生产资料占有者——资本家所有。在资本主义社会,工人依靠劳动创造了资本家的利润,劳动者理应获得利益,但资本家用较少的工

① 马克思恩格斯全集(第3卷)[M].北京:人民出版社,1960:37.

资来掩盖其对劳动者的剥削,让工人意识不到自己被剥削的事实。马克思揭开了资本家伪善的面纱,揭示资本主义社会资本的运行规律,目的就是为了让工人摆脱剥削。马克思考察了资本主义社会不同社会状态下工人的状态,不管是在何种社会状态中,工人的生活都是悲惨、贫苦的,特别是在社会经济衰退的时候,工人的生活是最贫苦的,即使是在社会财富达到顶点的时候,工人的生活也会因为面临经济衰退而处于贫苦之中。

恩格斯认为,资本主义生产方式和交换形式造成了分配对立,并且分配的对立将会导致阶级间的对立,"这些形式所必然产生的分配方式造成了日益无法忍受的阶级状况"①。在资本主义生产中,日益细化的社会分工导致人片面的发展,导致劳动的异化、人的异化。劳动者拿着微薄的工资维持生活所需,恩格斯在英国对工人阶级的实际调查中发现,工人的工资低、生活费用高,工作时间被无限地延长,工人长期处于这种极度贫苦的生活环境中,身体、精神的状况愈来愈差,更容易滋生犯罪。资本主义收入分配是"资强劳弱"的,其原因是资本主义生产过程中对生产资料占有的不平等。资本主义下社会贫富的两极分化给社会带来了紧张和不安,人与人之间的对立、阶级之间的矛盾和冲突尤为突出。资本主义社会下的生产和分配制度,让无产阶级一直处于贫苦之中,呈现出尖锐的阶级对立、人与人相互对立,人与人之间都是怀疑和恶性竞争,只有通过社会主义革命消灭私有制,消灭阶级,消除对立,从根本上去消除资本主义制度下分配不公现象,才能实现人的自由全面的发展。

3.人与自身不和谐

人与自身的本质发生的疏离和异化是资本主义社会特有的现象。在马克思看来,人的劳动是人区别于动物的根本性特征,因为动物只会凭借自身

---

① 马克思恩格斯文集(第9卷)[M].北京:人民出版社,2009:157.

的本能获取食物,而人的劳动是具有目的性的,并且能够通过工具来进行劳动。马克思所认为的劳动,是个体有意识的、自由的劳动,但是在私有制条件下,资本使得人与人的类本质发生异化,也就是劳动与人自身发生异化,所以,在资本主义社会中,劳动是非人的,是不属于他本身的。劳动变成了劳动者维持自身生存的手段,劳动者不再是为了发展自身而进行劳动。在资本主义社会,劳动者被资本家雇佣,劳动者不再拥有自己劳动力的所有权,为了维持生存,劳动者不得不像动物一样无休止地为资本家创造剩余价值,工人越努力地生产,他就越穷困,越匮乏,这个时候劳动者的劳动就不再是属于他自身的东西了。劳动者在劳动中受到的摧残导致了人与自身的不和谐,限制着人自由而全面的发展。尽管资本给资本主义社会带来了巨大社会财富,但这财富却不被每个人所共同享有,实现不了个人自由而全面的发展,实现不了人与自身的和谐。我们能够在资本主义社会中看到,工人们为了维持生计,不得不违背自己的真实意愿,去从事他们并不想从事的工作,个体的人往往只完成烦琐的单一任务,而无法了解自己参与的整个生产过程,工人不断地进行机械化的重复劳动,这使得他们感到自己只是一个生产工具,他们会感到持续的焦虑和压力,害怕失业,害怕收入的减少,长期的焦虑可能会导致人们心理上的健康问题。

4.人与社会不和谐

资本主义社会中,资本的本性就是贪婪地吮吸一切能够实现自身不断增殖扩张的资源,资本的逐利性为资产阶级创造了巨大的价值,它将一切对象用于满足自身增殖的需求,充分体现出自己的主体性。资本的作用极大地促进了生产力的发展,推动了生产技术的改革和进步,为实现人的全面发展提供了物质基础。马克思认为,人与社会是相互成就、相互依存的,人与人之间的实践活动形成了社会关系,推动社会发展,社会为人的发展提供基础。但在资本主义社会中,人与社会之间是被割裂开来的。

资本主义社会中,私有制导致了贫富两极分化,社会关系被物化了,是从属于资本的社会关系。同样,尽管在资本主义社会生产中资本主义促进了生产力的发展,但资本对人的异化、资本家对工人的剥削,使得人的能力被转化为物的能力,人的发展需求转化为物的增值需求,资本主义社会所创造的成果并不能为人们所共享。因为资本主义私有制的存在,工人失去了生产资料,依靠出卖自身劳动力赚取工资以维持生活,而看似公平的雇佣劳动关系下,却掩盖着资本家对工人剥削。工人越积极生产,资本家就越轻松地占有财富,工人为社会创造出巨大财富,工人自身却更加贫苦。"劳动为富人生产了奇迹般的东西,但是为工人生产了赤贫。劳动生产了宫殿,但是给工人生产了棚舍。"[①]资本主义社会中存在着贫富差距悬殊的问题,这意味着少数人拥有绝大部分财富和资源,而大多数人则处于贫困和边缘化的状态。这种不平等的财富分配导致了社会的分裂与不和谐,造成了社会阶层之间的矛盾和冲突。富人越富、穷人越穷的现象使得社会的不公平感更加突出,加剧了社会的不和谐。此外,资本主义社会中存在着竞争激烈的现象。在这种社会中,企业主为了争夺资源和市场份额而展开激烈的竞争,这种竞争导致了人与人之间的对立和敌对关系。在竞争的压力下,人们往往会为了自身利益而不择手段,导致了道德和伦理观念的淡化,加剧了社会的不和谐。资本主义社会中还存在着环境破坏的问题。为了追求经济利益,企业和个人往往会无视对环境的破坏,导致了资源的枯竭和生态系统的恶化,这种环境破坏不仅影响了人类的生存和发展,也加剧了社会的不和谐。在社会福利方面,资本主义社会中的社会福利和公共服务往往无法覆盖到所有人,造成了社会的不公平和不和谐。一些弱势群体无法享受到基本的教育、医疗和社会保障,导致了社会的分裂和不和谐。这种社会福利不公使得社

---

① 马克思恩格斯文集(第1卷)[M].北京:人民出版社,2009:158.

会的发展不够平衡,加剧了人与社会之间的矛盾和冲突。

总而言之,在资本主义社会中,人与社会的不和谐主要表现在贫富差距悬殊、竞争激烈、环境破坏和社会福利不公等方面,这些问题使得社会的发展不够平衡。

(二)资本主体性的消解与共产主义社会的真正和谐

马克思和恩格斯在《共产党宣言》中提道:"代替那存在着阶级和阶级对立的资产阶级旧社会的,将是这样一个联合体,在那里,每个人的自由发展是一切人的自由发展的条件。"①共产主义社会是消灭了私有制、生产力高度发达、物质财富极其富足的社会。共产主义社会是自由人联合体的社会。和谐是共产主义社会的明显特征,和谐社会是人类理想的社会形态。共产主义价值观对和谐社会的构想是对资本主义深刻批判和对人类社会发展规律总结的结果。共产主义社会以生产资料所有制变革为首要特征,在共产主义社会将实现真正的社会和谐。

1.共产主义社会中人与环境的和谐

在共产主义社会中,人和自然的和谐关系是人与自然本质上的统一。人类认识自然,改造自然。在认识自然的过程中,人认识自然规律;在改造自然的过程中,人将客观自然规律同主观能动性相结合,构建和谐的人与自然的关系。共产主义将实行生产资料公有制,这就消除了人与自然不和谐的根源。

不同于资本主义社会因资本的逐利本性而对自然环境的漠视,共产主义社会虽然会继续通过物质生产来获取必要的生活资料,但仍是在合理的范围内进行,社会调节着总生产,兼顾人和自然关系。人们不再为了追求经

---

① 马克思恩格斯选集(第4卷)[M].北京:人民出版社,2012:647.

济利益而破坏生态环境,而是追求经济、社会和环境的协调发展。通过科学规划和管理,实现生产和生态的良性循环,促进生产力和生态环境的双赢,实现人与环境的和谐共生。只有在共产主义社会中,人与环境才能实现和谐。"靠消耗最小的力量,在最无愧于和最适合于他们的人类本性的条件下来进行这种物质变换。"①在生产力高度发达的共产主义社会中,人的生活方式是极具多样性的,劳动不再是人们维持生存的必要手段,人们可以根据兴趣进行自由选择。就像马克思和恩格斯在《德意志意识形态》中提到的:"上午打猎,下午捕鱼,傍晚从事畜牧,晚饭后从事批判。"②共产主义社会是按需分配,个人的物质需求并不是没有节制的,共产主义社会不等于是满足人类所有需要的无限扩张。在这样的和谐社会中,人同样是需要生存和发展的,但人们的精神境界是极高的,高过于"对物质的过度需求",共产主义社会的生态科学也相对成熟,对人与自然的关系有更好的认识与把握,人们能够在高度发展的生态科学的指导下,降低人的实践活动对自然的影响。人们在改造自然的同时受到客观规律的制约,但不同于动物,人能够发挥自身的主观能动性,协调好主观能动性与客观规律的关系,实现人与环境的真正和谐。

共产主义社会中,人与环境的和谐关系是建立在全面发展人的理念基础上的。人们对自然环境及其作用的认知更加深刻,认识到环境对人类社会存在和发展的重要作用,从而致力于积极保护自然,改善自然环境,推动人与自然的和谐共生。

共产主义社会强调人与自然的统一。人们认识到自然界的资源是有限的,必须合理利用和保护。在生产和生活中,人们不再盲目追求物质财富,而是注重节约资源、保护环境。通过科学技术的发展和创新,人类能够更好

①　马克思恩格斯全集(第25卷)[M].北京:人民出版社,1974:927.
②　马克思恩格斯文集(第1卷)[M].北京:人民出版社,2009:537.

地利用自然资源,减少对环境的破坏,实现可持续发展。

共产主义社会强调人与环境的平等。人们更加尊重自然、尊重生命。通过法律和道德的约束,保护和维护环境的责任成为每个人的义务。人们注重环境教育,培养环保意识,积极参与环境保护活动,共同建设美丽的家园。

2.共产主义社会中人与人的和谐

在资本主义社会中,人们对物质表现出极其强烈的欲望,人与人之间处于对抗关系之中。马克思认为,人总是处于一定的社会关系中,社会性是人的本质属性。人是利益的主体,实现人与人利益的和谐才能达到人与人之间的和谐。人与人之间的和谐的根本是利益和谐,恩格斯指出:"在共产主义社会里,人和人的利益并不是彼此对立的,而是一致的,因而竞争就消失了。当然也就谈不到个别阶级的破产,更谈不到像现在那样的富人和穷人的阶级了。"①马克思认为,正是不合理的社会分工和分配方式引起的利益冲突导致人与人之间的对立。人们的社会分工不同,在社会中的地位也不同,分配的利益自然也不相同。在资本主义社会中,劳动者未能合理地获得利益,本该属于劳动者的利益却被资产阶级用欺骗性的手段夺走了,其结果便是阶级矛盾的尖锐化,人与人之间的关系失衡,因而陷入对抗关系之中。

共产主义社会丰富的物质财富为满足人们的物质利益提供了保障,人与人之间不必为争夺物质而相互竞争,人们也不必完全依靠劳动来维持生存,每个人的物质利益都得到尊重和保护,不会出现资本主义社会中因利益分配不公而产生的矛盾和冲突。没有剥削,没有阶级区分,也没有贫富分化,劳动产品归社会共同所有并用于满足每个人的需要,人与人之间不再有恶性竞争,也就避免了对抗和冲突。

---

① 马克思恩格斯全集(第2卷)[M].北京:人民出版社,1957:605.

共产主义社会实现了生产资料所有制的深刻变革,实行生产资料由社会共同占有的新型公有制,社会生产力高度发达,社会物质财富极其丰富,不再有强迫人们单向发展的社会分工,人们可以通过劳动自由而全面的发展。劳动不再是获取生活资料以维持自身发展的唯一手段,劳动变成了满足生活需要的手段。马克思认为,在共产主义条件下,"只有在那个时候,才能完全超出资产阶级权利的狭隘眼界,社会才能在自己的旗帜上写上:各尽所能,按需分配!"①。社会生产高速发展是实行按需分配的前提,马克思认为:"因为如果没有这种发展,那就只会有贫穷的普遍化;而在极端贫困的情况下,就必须重新开始争取必需品的斗争,也就是说,全部陈腐的东西又要死灰复燃。"②通过按需分配的合理协调,人们不再为满足自身需求而与他人产生利益冲突,利益冲突产生于人的社会实践中,需求得到满足,冲突不再产生,人与人的利益趋于一致,人们各尽所能,服务社会需求。

共产主义社会追求人人平等的原则,摒弃了剥削和压迫的关系。个体不再被社会地位、财富或政治权力所决定,而是基于每个人作为人的尊严和平等。人们之间没有社会阶级的差别,没有经济的剥削和不公平,相互之间的关系建立在互助、合作和共同奋斗的基础上,个体愿意互相帮助和支持,人们互相理解、包容和宽容,共同营造一个充满爱和友善的社会环境。

3.共产主义社会中人与自身的和谐

马克思说过:"共产主义是对私有财产即人的自我异化的积极的扬弃,因而是通过人并且为了人而对人的本质的真正占有;因此,它是人向自身,也是向社会的即合乎人性的人的复归。"③资本主义私有制消亡后,异化劳动现象才能消除,人的劳动重归自由自觉的劳动,从而实现人与自身的和谐。

---

① 马克思恩格斯选集(第3卷)[M].北京:人民出版社,2012:365.
② 马克思恩格斯全集(第3卷)[M].北京:人民出版社,1960:39.
③ 马克思.1844年经济学哲学手稿[M].北京:人民出版社,2018:77-78.

共产主义社会中的人是自由的人,是自由人联合体下的自由的个体,个体的工作不再被视为单纯的劳动,个体的工作不再是为了谋生或追求利润,而是兼顾社会的整体利益和个体自身的发展。个体有权利选择从事自己感兴趣和擅长的工作,并能够在工作中充分发挥自己的才能和创造力。个体不再被迫从事机械化、重复的劳动,而是能够进行更有意义且更具挑战性的工作,享受到工作的乐趣和满足感。个体可以通过劳动来发展自身的能力,挖掘自身的潜能,劳动不再是单纯的谋生方式,而是同个体内在需求和兴趣相统一的活动。此外,得益于共产主义社会丰富的物质基础,个体不会再担心物质生活条件,在这样的社会中,人人都享有基本的住房、医疗、教育和食物等生活条件,这些生活条件不再是商品,个体不再担心贫困和生计。物质条件的满足,使得共产主义社会中的个体追求更高级的精神需求,个体被鼓励追求自我实现和精神满足,他们有更多的机会接受全面的教育,发展自身的能力和兴趣,个体也能够更多地参加艺术、文化活动,以达到精神上的满足。在共产主义社会中,个体的物质和精神方面的需求得以协调,个体不再为了物质上的追求而牺牲精神上的追求,也不会因为物质的匮乏而造成心理上的压力和不安。只有在共产主义社会,劳动与自我实现,物质与精神相协调,人与自身才能够实现和谐。

4.共产主义社会中人与社会的和谐

马克思认为,人与社会是对立统一的,社会是由一个个具体的人组成的,离开了人就没有社会,社会是人的存在形式。一方面,个人需要与他人发生交往关系来进行满足生活需求的生产实践,人与人之间的交往和联系组成了社会。另一方面,人也离不开社会,自然界是人存在的基础,是以处于社会中的人为前提的,社会连接着人与自然界,社会为人的发展提供物质基础,所以人与社会是相互依存、相互促进的。

马克思认为,人的本质是一切社会关系的总和,人只有在社会中才能体现其主体性,人的发展和社会的发展是相互促进、相互依存的。人与社会的和谐是以人的发展和社会的发展为前提的,在共产主义社会中,人的发展是每个人的发展,社会的发展为一切人的发展服务,人的发展是社会的发展的前提,也是社会发展的结果。人的发展和社会的发展共同构建了共产主义社会下的人与社会的和谐。对于人与社会的关系,马克思是从现实的人出发来理解的,人的发展与社会的发展影响着人与社会的和谐,总是处于一定社会关系中的人,总是生活在社会中并且被社会制约着的,马克思认为:"一个人的发展取决于和他直接或间接进行交往的其他一切人的发展。"①人的发展受到一定社会关系影响,在处于社会中的每个个体都普遍发展的基础上,才能真正实现个人的全面发展。实现人的自由而全面的发展是共产主义的根本特征。共产主义社会摆脱了人与人之间的依赖关系和物的依赖性,使人们能够实现自由而全面的发展,人们不仅在体力和智力方面得到发展,各个方面的能力都得到了提高。共产主义中,每个人都是平等的,人与人之间和谐相处,社会是和谐的,人的发展步伐会与社会的发展相一致,因为社会的发展包含了人的发展。只有在共产主义社会中,人的全面发展才能得以实现,社会的发展与人的发展实现了真正的统一。因为精神境界的提高,人们将道德品质和觉悟体现在为社会、为集体、为他人的奉献中,为社会的发展和公共事业作出贡献成为共产主义社会中人的自觉行为。社会的发展与人的发展相互促进,社会的发展为人的发展提供了保障。在共产主义社会中,人的自由发展得到了充分的体现,社会的存在为人的发展提供保障并推动其进步。

---

① 马克思恩格斯全集(第3卷)[M].北京:人民出版社,1960:515.

四、共同富裕

马克思和恩格斯对共产主义社会的基本特征进行了凝练,发达的生产力及十分丰富的物质产品、较高的精神境界及对每个人自由和发展状况的尊重和维护,都意味着共产主义将实现共同富裕。可以说,共同富裕是共产主义价值观体系必不可少的内容。

马克思和恩格斯在对资本主义社会的剖析中表达出共同富裕的观点,相较于以往的生产方式,资本主义生产方式在促进生产力发展、增加社会财富方面具有突出的作用。但资本主义社会却未能实现共同富裕,究其原因,资本主义生产资料所有制、资本作为主体占据支配地位、资本的无序扩张和雇佣关系等都是阻碍共同富裕的因素。马克思对资本主义商品经济的剖析包含了对资本主义社会贫富分化根源的分析,同时也蕴含了对未来共产主义如何实现共同富裕的理论设想。

(一)共同富裕的内涵

共同富裕是马克思主义研究的主要范畴之一,同时也是中国特色社会主义追求的目标,理解其科学内涵具有重大的理论意义和现实意义。共同富裕以生产力充分发展作为前提要素,其无法在较低的生产力水平条件下实现,同时在生产关系的范畴中,共同富裕体现为社会发展成果惠及全体人民。

共同富裕体现为在消除两极分化和贫困的基础上,通过全体人民共同奋斗从而形成的普遍富裕。在所指对象上,共同富裕指的是全体人民的广泛富裕,而不是个别人的富裕。在共同富裕的推进过程中,不能落下任何一个人,即共同富裕的主体是全体社会成员。恩格斯在《反杜林论》中认为,每个人通过社会生产可以获得充裕的物质生活,同时,社会生产也是一切社会成员能够得到全面发展的重要途径。马克思在《1857—1858年经济学手稿》中提出,实现富裕的愿望并不是某一个人的心愿,而是生活在这个社会中的所有人的心愿。无论是"任何人"还是"每个人",或者是"一切社会成员",抑或者是"所有人",这些表述都表明共同富裕的实现是面向每一位社会成员,具有全体性。在具体内容上,共同富裕具有全面性,涵盖了社会生活的各个方面。习近平总书记指出:"我们说的共同富裕是全体人民共同富裕,是人民群众物质生活和精神生活都富裕。"[1]在党领导人民进行社会主义建设的进程中,始终非常重视满足人民群众的精神生活需要。

经过党和人民的艰辛探索和不懈努力,我国如期完成全面脱贫攻坚的目标任务,全面建成小康社会,大踏步地向下一个宏伟目标迈进。进一步延伸发展我国脱贫攻坚工作,关键任务就是在新时代全面推进共同富裕。在此历史节点下,实现全体人民共同富裕的问题被摆到了更加突出的位置。现如今,我国生产力水平不断提高,为实现共同富裕提供了良好条件。但同时发展不平衡不充分的问题依然存在,这也为我国推进共同富裕指明了前进方向。在党的十九大报告中明确指出了共同富裕的实现时间,到2035年全体人民共同富裕迈出坚实步伐,到本世纪中叶全体人民共同富裕基本实现。

共同富裕是存在一定差别的共同富裕,这个差别是在合理范围内的,并不是千篇一律的平均主义。不同群体、不同方面的富裕程度都具有一定的差异性,是全体社会成员共同建设、共同享有发展成果的共同富裕。每个人的思想、能力、家庭状况、性格等等都不会完全相同,即使所有人用同等的物质资料创造出的产品也具有一定的差别,但这个差别不是地位、阶级上的差别,而是在合理范围之内的差别。

---

① 习近平.扎实推动共同富裕[J].求是,2021(20).

共同富裕思想来源于实践,共同富裕的实现同样需要在实践中完成,人作为实践活动的主体在实践中发挥着重要作用。马克思和恩格斯曾指出"历史活动是群众的活动"[①],人们的生产实践活动是创造物质财富的重要源泉,是促进生产力发展不可或缺的活动,每一位社会成员都是这一活动不可或缺的参与者、创造者,共同富裕的成果是所有人在实践中通过劳动共同创造的。人是现实的人,具有主观能动性,与动物相区别,只有每个人都参与到创造财富的实践当中,每一位社会成员发挥主观能动性,各尽所能,将自己的思想通过现实活动加以表达,将理论作用于物质世界,通过实践共建更高层次的精神活动,社会财富才能充分涌流,为实现精神富裕创造条件。

全体社会成员共享共同富裕的发展成果。虽然每个人都是具有独立性的个体,但与身边的人都处在密不可分的联系之中,每个人所从事的劳动也是与交往、分工等环节密不可分的,是处在一定社会关系之中的劳动,从这一点出发,成果也应该归全体社会成员所共有,应该为所有人共同享有。恩格斯曾指出,所有人都必须投入发展生产力的队伍中,全体社会成员利益日趋一致,消除对立,共同享有生产成果。所有人各尽所能,尽可能多地创造财富,使生产达到能够满足所有人生活需要的水平,消除旧的分工,劳动之间的差别不再存在,人与人之间的平等不再是虚幻的,如此一来,并不是只有一部分人能够享受发展成果,而是全体社会成员共同享受自己所创造的福利,每个人自由而全面发展的价值旨归才得以实现。

(二)资本主体性阻碍共同富裕的实现

资本主义在推翻封建专制统治方面作出明确的贡献,打破了困扰欧洲多年的封建束缚,推动社会形态向前更替。资产阶级为获得更多的利益,不

---

① 马克思恩格斯文集(第1卷)[M].北京:人民出版社,2009:287.

断扩大生产,用机器大工业生产取代家庭手工业生产,生产规模得到扩大,生产力得到快速发展,对促进经济进步发挥了重要作用。除此之外,资本主义的不断发展孕育出无产阶级这一特殊的群体。但是资本主义政治制度保护的是资产阶级的利益,维护的民主是资产阶级的民主,维持的平等也只是表面的平等,资产阶级与无产阶级无论是在社会地位还是持有的财富方面都相差甚远。究其根本,生产资料私有制是其贫富差距巨大的根源。同时,虽然资本的投入对生产力的发展极其重要,但是资本的无序扩张只会扰乱市场秩序,引发经济危机,使共同富裕成为无法实现的幻想。除此之外,资本家与工人之间的雇佣关系注定会激化阶级矛盾,拉大贫富差距。

1.生产资料私有制阻碍共同富裕的实现

生产资料私有制是资本主义制度的经济基础,也是导致贫富差距巨大的根源。马克思指出,资本主义的生产形式和交换形式不仅制约了生产的发展,而且所产生的分配形式也激化了阶级对立,出现富有的资产阶级更加富有、贫穷的无产阶级更加贫穷的局面。资本主义社会的私有制是指生产资料为资本家私人占有的所有制形式,生产资料掌握在少数资本家手中,作为真正劳动者的无产阶级因为不占有生产资料而无法平等地分得社会财富。生产和分配按照资产阶级的意愿进行,社会财富掌握在少数资本家手中,置无产阶级的利益于不顾,这就导致资产阶级愈加富有,无产阶级愈加贫穷,贫富差距越来越大。

生产资料资本主义私有制引发竞争和垄断,竞争与垄断加大贫富差距。竞争存在于资本主义社会的方方面面,存在于社会的各个产业部门,存在于资本家之间,也存在于无产者之间。在资本主义商品经济条件下,资本家纷纷参与激烈的市场竞争中,同其他资本家争夺原材料、土地、市场等,在竞争中取得胜利的资本家拥有了更多的生产资料,吞并其他部门,扩大生产规模,获得更多的社会财富,如此往复,一些资本家通过自由竞争获得了优势地位,而失败的资本家处于不利地位,或因企业被吞并、破产等原因变得一无所有,沦为无产者。自由市场竞争,尤其是垄断使得资本家之间出现贫富差距不可避免。

同样,工人之间也存在竞争关系。"他工作得愈多,他给自己的工友们造成的竞争就愈激烈。"①在资本主义社会,市场对劳动力的需求往往小于供给,存在劳动力剩余的情况,无产者不得不为争夺就业机会而参与到残酷的竞争中。获得劳动机会的无产者能够勉强维持自己的生计,而丧失劳动机会的无产者则没有收入来源,是真正意义上的一贫如洗,导致无产阶级愈发贫穷,与资本家之间的差距越来越大。经济危机爆发后,这一差距更加显著,经济危机致使大量工厂倒闭,部分资本家沦为无产阶级,无产阶级在人口中所占比重持续增大,导致愈来愈多的无产阶级与愈来愈少的工作岗位之间的矛盾更加显著,社会贫富差距也就越来越大。

阶级矛盾一直存在于阶级社会中,阶级是一个经济概念,马克思和恩格斯认为,生产资料占有的差异是阶级差异出现的根源。因此,阶级差异本身就意味着贫富差距。人类社会自原始社会消亡之后便一直存在着阶级矛盾。在阶级社会里,统治阶级利用自己所取得的政治特权对被统治阶级进行压迫,以此获得更多的社会财富,维护自己的利益。而被统治阶级则往往处于不利地位,无法得到平等公正的待遇,拥有的财富少之又少,勉强甚至无法维持自己的生存,不得不受制于统治阶级获得谋生的机会,可见,阶级对立加剧贫富差距,贫富差距的扩大又不断激化阶级矛盾。

阶级矛盾尖锐化是资本主义社会的一个显著特征,相应地贫富差距明显也成为资本主义社会的突出问题。资产阶级在生产中对无产阶级进行压榨,无产阶级与资产阶级的利益关系始终处于对立之中。虽然资本主义生

---

① 马克思恩格斯全集(第6卷)[M].北京:人民出版社,1961:503.

产方式一方面促进了生产规模的扩大,但另一方面也使贪婪的资本家加大了对工人的剥削程度,资产阶级不再只满足于目前的所得,他们甚至找到了更加廉价的劳动力——妇女与儿童,为了维持生计,无产者别无选择。随着机器大工业生产时代的到来,劳动者所遭受的压迫并没有减少,反而面临着工作被机器所取代的局面,面临着随时失业的风险,劳动者只会越来越贫穷。阶级对立使得资产阶级占有的生产资料越来越多,地位越来越高,无产阶级占有的生产资料却越来越少,地位越来越低,只能生活在空间狭小、人员密集的环境中,每天都要承受着过度劳累的痛苦,维持自身生存都是一大难题,基本物质需求都难以得到保障,更没有时间与金钱去追求精神层面的富足。如此一来,阶级矛盾导致的贫富差距不只是物质层面的差距,也是精神层面的差距。

2.资本的无序扩张加大贫富差距

资本是资本主义社会独有的产物,在资本主义商品经济中发挥重要的作用。资本追求增殖的本性促使其利用一切对象,尽可能发挥自身的主体性,达到增殖的目的。资本增殖的目的和资本家获利的意愿不谋而合,资本家购买原材料、组织生产、销售商品,恰恰完成了资本循环周转,将剩余价值进一步资本化,也就实现了资本积累。资本主义推动了生产方式从家庭手工业过渡到工场手工业,在工业革命的推动下,机器大工业生产成为主要生产形式,生产力达到了以往社会所无法企及的水平。资本是资本主义生产的必要条件,在这一意义上,资本积累具有扩大生产、增加社会财富的作用,然而资本的增殖本性没有界限,资本寻求无限扩张必定带来社会问题。

资本积累的过程就是剩余价值资本化的过程,而剩余价值则来自工人的生产。马克思的剩余价值学说阐释了剩余价值生产的两种方法,即绝对剩余价值生产和相对剩余价值生产,不论是哪种形式,目的都指向增加剩余价值量。剩余价值最终成为资本家的财富,剩余价值量的增加就意味着资本家更加富有,相对而言,工人则更加贫困。尤其在相对剩余价值生产中,资本家通过减少必要劳动,即降低工资来增加剩余价值,资本家获利恰恰是以工人的失利为条件的。正因如此,马克思才把资本主义生产过程视为资本家剥削劳动者的过程。资本扩展的程度取决于剩余价值量的多少,增加剩余价值量,资本才能更快地扩张。马克思的劳动价值论不仅说明了资本在剩余价值生产中的作用,也从学理上阐明了资本家和工人之间存在贫富差异的必然性。

《雇佣劳动与资本》一书揭示,商品价格的上升会吸引更多的资本涌入这个部门,这种现象会一直持续到该部门不再有利润可图,也就是出现供大于求的局面,导致产品价格下降到生产费用以下才会停止。资本家对富裕的追求一刻都没有停止过,他们通过抬高产品价格来获得无尽的利润,这一举动又吸引更多的资本家争相涌进这个产业。资本家将大量资本投入该产品的生产中,增加生产要素数量,提高生产技术,获得更多的剩余价值,再把部分剩余价值再次投入生产当中,扩大生产规模,实现扩大再生产,如此循环往复,进行着没有限度的资本增殖运动。而资本的大量投入使得产品生产过剩,在市场上出现供大于求的局面,直到这个产业所产生的利润不再具有吸引力,资本才会慢慢撤出该产业。

没有限度的资本增殖运动带给资本家的是资本积累,资本积累必然带来生产过剩,导致资本的无限扩张和人们购买能力之间落差太大。人们的需求与购买能力是有限度的,但在贪婪的资本家眼中,财富的创造可以是无限度的。他们为了资本积累不断加大资本投入,将自己的大部分利润用于扩大再生产,以期获得更多的利润,而市场调节往往具有滞后性,过多的产品与社会成员的低购买力相矛盾,引发产品相对过剩,资本主义矛盾激化。资本的过度膨胀与无限扩大的生产带来的结果只会是生产相对过剩,引发经济危机,而经济基础决定上层建筑,文化、宗教、政治等众多领域的矛盾会随着经济危机逐渐显现,引发社会危机。

资本积累也会导致垄断的产生,部分资本家作为这一竞争的"赢家",获得垄断特权,其他一些资本家则不得不退出对该产业的资本投入,造成资本与财富流向少数垄断资本家,剥夺对象不再仅局限于劳动者,也是少数资本家对多数资本家的剥夺,进一步扩大了社会贫富差距。

3.雇佣关系阻碍共同富裕的实现

雇佣关系是资本主义商品经济的基础之一,是资本家和工人之间主要的关系形式。马克思指出,资本原始积累的过程,是资本家通过暴力方式占有财富和土地的过程,这一过程产生了两个结果:一是资本家获得了金钱和生产资料,具有了资本主义生产所需要的资本储备;另一个结果是大量失去生产资料的自由人产生,他们为了生计不得不出卖劳动力,从资本家那里得到工资以维持生活。这两个结果恰恰是雇佣关系得以建立的两个条件。资本原始积累的过程中已经创造出了资本增殖所要依赖的条件,即劳动力商品。劳动力商品的特殊性使得剩余价值能够产生并为资本增殖提供了条件。可见,资本的增殖与工人在财富上的被剥夺是同一件事情。资本自产生开始,就创造着工人的贫困。

马克思指出,雇佣关系表面上看是资本家与劳动力商品的公平交易,实则是被迫和不平等的交易。工人通过为资本家劳动获得了维持生存的物质资料,看似是一个等价的交换过程,但其实只是形式上的平等。工资是劳动力商品价值量的补偿,"工资首先是由它和资本家的赢利即利润的对比关系来决定的。这就是比较工资、相对工资"[①]。相对工资减少时,或许工人的劳动所得并未减少,但是资本家所得到的利润增多,因此相较于资本家的利润,工人的劳动所得减少了,也即工人为资本家无偿生产了更多的价值。那

---

① 马克思恩格斯全集(第6卷)[M].北京:人民出版社,1961:494.

么,工人劳动所得与资本家所得到的利润相差就越大,社会财富的分配就越不均衡,相应地,资本家和工人的社会地位也就相差越大。在工业革命的推动下,工人和资本家的差距更加凸显。工业革命推动机器大工业生产成为主要的资本主义生产方式,机器生产的广泛应用给工人带来了巨大的生存压力,工人面临着随时被机器取代的风险,面临着随时失业的风险。因此,工人之间的竞争更加激烈,这激烈的竞争只会导致工人的供给大于市场需求,资本家偿付的工资减少,工人的相对工资也减少,更多的社会财富涌向资本家。

雇佣关系本身就是一种不平等的关系,资本家与工人在雇佣劳动中是相互对立的。雇佣劳动生产剩余价值,剩余价值转化为资本,而资本又决定着工人的命运,因为工人取得生活资料,是以雇佣劳动促使资本加快增殖为前提的。显然,雇佣工人的劳动生产着自己的敌对力量,工人生产的越多,归工人所得的就越少,归资本家所有的剩余价值就越多,资本家便会将更多的资本用于扩大再生产,实现资本增殖,对工人的生存越不利。而工人虽然为资本家生产了更多的价值,但是自己创造的大部分价值都被资本家无偿占有用于扩大再生产,只有一小部分归工人所有,这一部分只是工人所创造的所有价值的"冰山一角",只够勉强维持工人的生存,资本家与工人间的贫富差距就此拉大。

(三)资本主体性的消解与共产主义社会共同富裕的实现

共同富裕思想是马克思和恩格斯的重要思想内容之一,他们从一切为人的发展服务的原则出发,致力于解决工人的贫困问题,通过实行生产资料公有制,促进按需分配的实现,推动物质层面与精神层面共同富裕的达成,最终推动必然王国向自由王国飞跃。虽然马克思和恩格斯没有明确提出"共同富裕"这一术语,但是在对资本主义进行剖析时,马克思和恩格斯都关注无产阶级的生存状况,将普遍不占有生产资料作为无产阶级的特征,并多次阐述了无产阶级的贫困状况,通过批判资本家占有财富的不正当性,表达了无产阶级应获得更多财富的观点,其中蕴含着无产阶级应摆脱贫困实现富裕的想法。共产主义基本特征包括物质材料极大丰富和人民精神境界的普遍提高,这两个方面必然导向每个人在物质方面和精神方面的共同富裕。可见,共同富裕是共产主义的题中应有之义,共同富裕将在共产主义得到实现。

1.生产资料公有制是实现共同富裕的制度前提

生产资料公有制是指生产资料由社会共同占有的一种所有制形式,生产资料由社会成员共同占有,社会组织着生产,生产的产品也由社会共同所有,从而为消灭剥削提供可能。马克思认为,只有在以生产资料公有制为基础的共产主义社会中,人们的生产才是为了一切社会成员的生产,才是为了达成共同富裕的生产。这时生产资料的拥有者是所有人,发展成果的享有者是每个人,每个人都拥有足够的生产资料与财富去保障生活,不再会为了维持生计而被迫劳动,劳动成为人们生活中必不可少的乐趣,人们可以自由地选择劳动,劳动积极性得到提高,这时人们才会真正认识到自己是劳动的主人、是社会的主人、是现实的人,自己的命运由自己掌握,不再是为了生产而生产,不再是为资产阶级而生产,因此每个人都在为自己的富裕进行生产,为每个人的富裕进行生产,真正实现生产将以所有人的富裕为目的。

同时,在以生产资料公有制为基础的社会,不再存在阶级之分,统治阶级不复存在。"因为剥削方式是取决于剥削者的生活状况的。"①显然,由于剥削的方法是根据剥削者的生存条件而定的,那么到了以生产资料公有制为基础的社会,"私人占有"之说不复存在,所有人都是劳动成果的拥有者,包

① 马克思恩格斯全集(第3卷)[M].北京:人民出版社,1960:484.

括剥削阶级在内的所有人的生存条件都能够得到满足,人人都有足够的生产资料去维持自己的生活,不再存在利益之分,那么资本家就已经没有了剥削工人的必要,"压榨"这一现象也就没有了存在的必要,两者的关系也不再是统治与被统治的关系,人与人之间不再有地位的高低之分。

在实现生产资料公有制的未来社会,按需分配成为现实,为实现共同富裕提供了条件。整个社会的生产资料实现按需分配,所有人都能够全力劳作,在劳动中获得产品,满足自己的需要,劳动不再与物质利益相联系,而是成为一种生活习惯,劳动者不再为了获得生存的必需品而与资产阶级相抗衡,阶级与阶级之间的利益纠纷也就不复存在,因阶级矛盾而激发的革命也就不复存在,在极大程度上避免了生产资料的浪费,增加了社会财富。到那时,每个劳动者都回归到自身,不再与劳动相异化,自己付出的劳动都能够获取与其所创造的价值相应的报酬,这些报酬不仅足以支持劳动者的生活,还会有足够的财富支持他们享受生活,追求精神生活的富足。

2.生产力高度发达为实现共同富裕提供物质保障

生产资料所有制是生产关系中具有决定性作用的组成部分,是由生产力决定的,所以高级的社会形态理应对应发达的生产力。共产主义社会以生产资料公有制为基础,与之相应的是获得充分发展的生产力,在生产关系与生产力辩证运动的推动下,共同富裕能够具备充分的条件。恩格斯曾指出,不能立刻废除私有制,就像不能一下让生产力发展到满足生产资料公有制的建立一样。只有生产力发展到足够高的水平,生产资料公有制才能得到建立。基于生产资料公有制的共产主义社会才能建立,进而为实现所有人物质层面的共同富裕提供保障。生产力的高度发达使得人们不再为了争夺生产资料而产生矛盾,共同富裕的实现才有可能。

生产力的发展是实现共同富裕不可或缺的条件,人类自有生命开始,就离不开衣、食、住、行等物质条件,只有不断发展生产力,才能获得这些维持生存所必需的物质条件,满足每个人的生存需求。马克思和恩格斯曾指出,无产阶级掌握政治权力后要把生产工具等资本掌控在自己手里,积极发展生产力。政权归无产阶级所有,只是代表无产阶级消灭了剥削阶级和剥削制度,要想彻底消除贫富差距,还要促进生产力的高速发展。无产阶级一定要认识到发展生产力的重要作用,无产阶级在掌握权力之后,必须利用其政治支配地位,尽力发展生产力,使社会资本集中到无产阶级手里,尽可能多地创造财富,这样才会有足够多的物质产品进行按需分配,才能为实现共同富裕提供物质支持。

共产主义实行按需分配。按需分配是共产主义实现共同富裕的原则保障。实现按需分配必须要有较高的生产力水平,这是因为生产决定分配、生产力决定生产关系与所有制形式,并且分配的只是生产的成果,如果没有高水平的生产力,就不会有充足的成果来完成能够满足所有人需要的分配。在共产主义这一高级社会阶段,生产力不断增长,社会财富相应地不断增加,这时"各尽所能,按需分配"才会成为现实。

马克思和恩格斯认为,与按劳分配的原则相对照,按需分配才算得上分配原则的真正平等。按劳分配遵循的仍然是商品经济的规则。在资本主义制度下,按劳分配的核心是多劳多得,少劳少得,不劳不得。这一原则对于提高工人生产的积极性具有明确的作用,而生产积极性的提高无疑对资本主义生产是有利的。按劳分配在商品经济条件下体现为一种公平的原则。然而这一原则及其起到的推动生产的作用,仍然与资本增殖和资本家的利益是一致的。

一方面,工人生产积极性提高并非出于对生产工作的热爱,而是为了获得更多的工资。在以资本主义私有制为基础的商品经济中,商品的价值和使用价值之间的对立性表明,个人要得到生活必需品,必须支付货币给予资本家以价值量补偿。如果不占有货币,就不能购买生活必需品。工资是工人的主要收入,工资的多少直接决定了工人能够获得的生活必需品数量的多少。工人不得不更加积极地进行生产。资本家将获得更多的剩余价值。工人获得的工资远远少于资本家获利,工人和资本家之间的贫富差距仍然巨大。另一方面,按劳分配会引发工人之间的竞争,劳动量较少的工人获得更少的报酬,从而增加了这一群体贫困的风险。此外,没有能力参与生产活动的个体必然陷入贫困,从而阻碍共同富裕的实现。

按需分配完全跳出资本主义商品经济的规则,个人不论是否参与生产都可以获得生活资料,个体在物质产品需求量方面不存在巨大差异,按需获取物质产品也不会造成个人之间在物质产品占有量上的巨大差异。可见,按需分配是最有利于实现共同富裕的分配原则。

3.共同富裕是物质层面和精神层面都富裕

共同富裕首先体现在物质方面,物质生产是人类最基本的实践活动,"任何一个民族,如果停止劳动,不用说一年,就是几个星期,也要灭亡,这是每一个小孩都知道的"①。无论是原始社会还是奴隶社会,无论是封建社会还是资本主义社会,又或者是共产主义社会,都离不开物质生产,物质生产为生存提供最基本的物质条件,是每一个社会成员都离不开的实践形式,物质生产活动也是社会其他一切活动的基础,物质生产是实现物质富裕不可或缺的途径。

物质富裕的实现离不开高度发达的生产力。马克思和恩格斯通过分析生产力和生产关系的矛盾运动来说明人类社会形态更替。人类历史上每一次社会形态更替都源于生产关系的滞后,生产关系已经不能再为生产力的发展提供条件,为保证生产力的长足发展,社会形态不断更替。这就意味着,随着历史上已经实现的社会形态由原始社会到奴隶社会,再到封建社会

①　马克思恩格斯全集(第32卷)[M].北京:人民出版社,1974:541.

和资本主义社会,生产力得到了持续的发展。在共产主义社会阶段,生产力一定会达到较高的水平,这是历史实证研究的结论,也是根据生产力与生产关系矛盾运动规律能够得出的结论。

共产主义社会发达的生产力为实现物质富裕的普遍化提供可能。共同富裕不只包括物质富裕,也包括精神富裕。历史唯物主义揭示出社会存在与社会意识的辩证关系。当人们用来维持生存的物质需求得到满足时,就会去探索更高层次的需求,将注意力回归到人本身,产生对思想、艺术、教育等更高层次的精神追求,在物质富足的基础上产生对精神富足的渴望,这促使人们不断突破自我,回归自身,促进精神方面的发展。"通过社会生产,不仅可能保证一切社会成员有富足的和一天比一天充裕的物质生活,而且还可能保证他们的体力和智力获得充分的自由的发展和运用。"[①]生产活动的目的不仅仅在于为满足人们获取充裕的物质产品提供路径,为人们谋求富足的物质生活提供保证,而且致力于促进人们体力与智力的发展。这从侧面印证了不论是物质层面的富足,还是精神层面的富足,都是全体社会成员为之奋斗的共同富裕的内容;不论是对美好生活的需求,还是对各个方面共同发展的追求,都是共同富裕的表现。

物质富裕与精神富裕相互影响。"物质生活的生产方式,制约着整个社会生活、政治生活和精神生活的过程。"[②]每个人的精神层面都是随着社会的进步而进步的,只有物质水平不断提高,人们的精神层面才能得到不断发展,物质资料的生产是进行其他一切活动的前提与条件,充足的物质财富维持着社会生活的安定与精神生活的富裕。随着物质富裕的实现,人们的社会必要劳动时间减少,社会成员会有充足的自由与时间参与艺术、教育等精神活动,为实现精神富裕提供前提与条件。精神富裕为物质富裕提供智力

① 马克思恩格斯全集(第20卷)[M].北京:人民出版社,1971:307.

② 马克思恩格斯文集(第2卷)[M].北京:人民出版社,2009:591.

支持与精神动力。在实现精神富裕的社会中,每个人的精神境界极大提高,思想层面得到极大富足,智力与体力不断提高,各个方面都发展到较高层次,得到全面发展的社会成员也为生产力的进一步发展提供了智力支持。同时,随着人们精神境界的提高,人们的需求不再仅停留于物质层面,还扩展到了精神层面,在实践中不断追求精神的富足成为生活的一种常态,对应于精神活动的物质产品要求越来越高,社会成员的需求为物质进一步发展提供动力。

共同富裕是物质富裕与精神富裕协调发展的共同富裕,二者缺一不可。物质富裕与精神富裕没有高低之分,两者在共同富裕的进程中所处的地位不分伯仲,是共同富裕的一体两面,只有二者实现和谐和平衡发展时,才是真正的共同富裕,才是马克思和恩格斯所表达的物质充裕与每个人全面发展的真正实现。

第五章　资本主体性与
共产主义价值观研究的当代启示

　　资本主体性理论和共产主义理论及其蕴含的价值观体系是经典马克思主义的重要内容。当今时代,资本作为重要的生产要素仍然存在并发挥着不可忽视的作用,随着金融资本的发展,资本发挥作用的时间和空间仍有扩大的趋势,资本主体性问题尚未解决。与此相关,马克思和恩格斯在马克思主义理论创立之初就设想的共产主义和自由、平等、和谐、富裕的目标尚未真正实现。当今时代研究和阐发马克思的资本主体性观点及共产主义价值观具有明确的现实意义。中国特色社会主义为世界社会主义发展作出了突出成绩,中国特色社会主义遵循科学社会主义的基本原则,共同富裕是其本质要求。新时代以来,我国社会主要矛盾已经转化为人民日益增长的美好生活需要和不平衡不充分的发展之间的矛盾,生产力持续发展,新质生产力成为未来一段时间我国生产力发展的主要方面。生产力的发展为实现共同富裕提供了基础。随着绝对贫困的消除,我国已经进入追求物质生活和精神生活共同富裕的阶段。马克思和恩格斯提出的共产主义价值观表明,共产主义社会将实现的共同富裕是物质和精神都富裕。马克思的精神生产理论和共产主义价值观为我们在当今时代探索精神生活共同富裕提供了启发。

一、以精神生产推进人民精神生活共同富裕

马克思和恩格斯在阐述历史唯物主义基本原理的过程中,论述了社会意识的概念、产生的背景、内容及其特点等,在论述物质生产活动的同时涉及精神领域的生产活动,结合社会意识的相关内容和生产理论,我们可以总结出马克思和恩格斯关于精神生产的观点并以此为理论依据探索精神生活共同富裕。

(一)精神生产的内涵

1.精神生产是用于满足人类精神文化需要而进行的一种社会生产活动

马克思曾谈道:"在直接的物质生产领域,确定某物品是否应当生产,即确定这种物品的价值,这主要取决于生产该物品所需要的劳动时间。因为社会是否有时间来实现合乎人性的发展,就取决于时间。甚至精神生产也是如此。"①

我们可以对照物质生产来理解精神生产的内涵,物质生产和精神生产在内涵上既有关联又有区别。精神生产与物质生产一样,也是人类生产活动的一种形式,也包括主体、客体和中介三个基本要素,是人类社会生产不可或缺的内容。物质生产满足人类对物质产品的需要,而精神生产则是要满足人类对精神文化产品的需要。正如人类的需要是以物质需要为基础,同时具有精神需要一样,人类社会的生产也不会是单一形式的,总是在物质生产的过程中蕴含着精神生产,精神生产在物质生产的基础上不断得以

---

① 马克思恩格斯文集(第1卷)[M].北京:人民出版社,2009:270.

开展。

2.精神生产是人类具有创造性的脑力活动

精神生产伴随着物质生产的发展而不断发展,与物质生产相比,精神生产相对后起。在人类社会的早期,生产力处于较低的水平,社会生产门类单一,分工并不明显,较低的物质条件和社会交往的缺乏使得精神生产无法成为独立的生产门类。"分工只是从物质劳动和精神劳动分离的时候起才开始成为真实的分工。从这时候起意识才能真实地这样想像:它是同对现存实践的意识不同的某种其他的东西。"①随着生产力的发展,社会分工进一步深化,首先出现的社会分工便是脑力劳动与体力劳动的分工。"人们是自己的观念、思想等等的生产者。"②随着体力劳动和脑力劳动分离,脑力劳动者慢慢地发展成为精神生产的主体,即进行精神生产的脑力劳动者。精神生产开始成为一种独立的生产活动形式。

(二)人民精神生活共同富裕

正如人类的生产活动包括物质生产和精神生产,人类的需求包括物质需求和精神文化需求,共同富裕也包括物质共同富裕和精神共同富裕,这两个方面相互关联,是共同富裕不可缺少的内容。在人类社会发展的不同时期,人们对富裕的要求也是不同的。在物质匮乏的时期,人们追求物质富裕。根据历史唯物主义的基本原理,生产力水平的高低与物质财富的多少直接相关,资本主义生产方式在促进生产力发展和增加财富方面的效果十分突出,但资本主义社会无法实现共同富裕,反而出现贫富差距巨大的现象,进而造成了社会阶级对立。据此,马克思和恩格斯认为,要结合工人的贫困问题,需要从生产资料所有制和分配原则方面同时变革,才能真正实现

---

① 马克思恩格斯全集(第3卷)[M].北京:人民出版社,1960:35.
② 马克思恩格斯全集(第3卷)[M].北京:人民出版社,1960:29.

物质共同富裕。随着物质生活水平的提高,人类精神文化生活也越来越繁荣,精神生活共同富裕的要求日渐凸显。

在中国特色社会主义新时代,我国社会主要矛盾转化的结论表明,我国人民在物质方面的获得感越来越强,已经具备了在追求物质生活的同时追求精神更加富裕的现实条件。广大人民不仅要求基本生活物资的充足,而且对物质产品的品质提出了更高的要求。除了物质需求外,人民群众还对更高的文化活动和精神产品表现出了明显增多的需求。共同富裕是社会主义核心价值观的内在要求,也是社会主义本质要求的体现。习近平总书记对当下中国的现状进行了准确判断并提出:"我们说的共同富裕是全体人民共同富裕,是人民群众物质生活和精神生活都富裕"①,促进人民精神生活共同富裕,要强化社会主义核心价值观引领,不断满足人民群众多样化、多层次、多方面的精神文化需要。人民精神生活共同富裕的目标已经提上日程。

人民生活共同富裕包含如下三个方面的内容:

首先,个人素质普遍提高,社会文明程度达到新高度。社会与个人辩证统一,个人是组成社会的细胞,同时也受到社会的塑造和影响。因此,个人素质的提高和社会普遍文明程度的提高是同一个过程的两个方面。

个人素质可以从他的思想水平、科学和文化知识的掌握情况来衡量。推动全体人民精神生活共同富裕,首先就要求关注每个社会成员的精神文化需求,通过充分而良好的社会教育提高个人的科学知识储备,培养个人较高的思想道德水平和审美能力,同时缩小个体之间的差异,最终实现每个社会成员个人素质的提高。个人素质的普遍提高是提高社会文明程度的条件。党的二十大报告明确提出了要"提高全社会文明程度",这既是社会发展的必然趋势,也是实现人民精神生活共同富裕的要求。马克思和恩格斯

---

① 习近平.扎实推动共同富裕[J].求是,2021(20).

从社会性理解人的本质,较高的社会文明程度为个人提高素质提供了充分的条件和良好的氛围。个人素质的提高和充分的发展与社会整体文明程度的提高协调共进,共同推进人民精神生活共同富裕。

其次,人民的文化自信显著提高。新时代以来,党和国家十分重视中华优秀传统文化的继承和发展。习近平总书记在讲到马克思主义中国化时代化的方法论原则时,提出要将马克思主义基本原理同中华优秀传统文化相结合。在论述科学社会主义价值观主张的时候,习近平总书记讲到,中华优秀传统文化与科学社会主义价值观主张具有高度契合性。这些重要结论都表明了我们对中华传统文化的自信显著提高。这既源于中华传统文化的博大精深,也得益于我们对中华传统文化精髓的凝练、继承和发展。从中华优秀传统文化中提炼出革命文化和社会主义先进文化,对于弘扬中华民族坚韧不拔的革命斗争精神、引领中国特色社会主义建设具有突出的意义。中华优秀文化、革命文化、社会主义先进文化的繁荣,以及人民群众文化素养的提高和文化充分自信是精神生活共同富裕的体现。

最后,社会凝聚力提高。先进文化的繁荣和人民文化自信的增强必然会出现社会凝聚力提高的结果。"更广泛、更深厚的自信,是一个国家、一个民族发展中最基本、最深沉、最持久的力量,没有高度文化自信、没有文化繁荣兴盛就没有中华民族伟大复兴。"①社会凝聚力提高既是社会稳定的需要,也是社会发展的体现。科学的认知对实践起到观念引导的作用。当社会成员在价值观念、理想信念和道德原则等方面达到共识,社会凝聚力提升,社会成员的个人行为将形成合力,成为社会发展的强大推力。

---

① 中共中央关于党的百年奋斗重大成就和历史经验的决议[N].人民日报,2021-11-17.

(三)精神生产理论对实现人民精神生活共同富裕的启示

精神生产理论与人民精神生活共同富裕在理论上具有深刻关联。以马克思和恩格斯关于精神生产的理论观点为依据,提炼其包含的指导性原则,将有助于我们在新时代探索如何实际地推进和实现人民精神生活共同富裕。

1.精神生产的属人性为人民精神生活共同富裕提供价值导向

马克思和恩格斯关于精神生产的观点表明,精神生产的主体是现实的个人,是具有社会性的现实的人,精神生产活动是人所独有的一种生产活动,也是人类繁荣和发展不可或缺的活动内容。以精神生产推进精神生活共同富裕就要重视每个精神生产者的作用和价值,将以人民为中心的价值立场贯彻到精神生产当中,这是实现精神生活共同富裕必不可少的价值原则。充分发挥人民作为生产的主体的作用,充分保障人民享有精神产品,为人民更加便捷和公平地接受教育、享有精神文化产品提供保障,缩小社会个体在精神文化层面的差异,从而实现全体人民精神生活共同富裕。

2.精神生产是人自由而全面的发展的内在要求,为人民精神生活共同富裕确立价值目标

人的自由而全面的发展是马克思主义的根本价值追求,自由和全面发展内在统一,自由需要以全面发展为条件,全面发展的实现也就意味着人的真正自由状态的实现。人的发展包括精神层面的充分发展,是人的精神和智力潜能的充分发展。推动精神生活共同富裕也应为新时代每个人的发展服务。在资本仍然存在和发挥作用的当今时代,人的发展可能发展异化,对人的教育和技能的培养有可能是为了生产服务,为资本而服务。在马克思看来,人的发展为物的发展,也即资本的增殖服务,是一种深刻的异化。资本主体性批判反对的正是这种异化。中国特色社会主义以生产资料公有制

为基础,推进人的全面发展为社会主义的本质要求,这使得社会主义中国有能力对抗资本的权力,让资本为人的发展服务。无论是人民的物质共同富裕,还是精神共同富裕,都应为人的自由而全面的发展服务。

3.精神生产与物质生产辩证关系为人民精神生活共同富裕提供方法论指导

马克思和恩格斯通过辩证方法的运用,科学解答了物质和意识的关系问题,阐明了物质和意识的辩证统一关系。根据这一基本原理,我们能够理解物质生产与精神生产的辩证关系。物质生产方式作为社会存在中最为重要的内容,对社会意识的产生具有基础性作用。马克思和恩格斯阐述的精神生产理论为我们从物质生活共同富裕和精神生活共同富裕的辩证关系入手,推进人民精神生活共同富裕提供了启发。

一方面,物质生活共同富裕为精神生活共同富裕提供基础。"物质生活的生产方式制约着整个社会生活、政治生活和精神生活的过程"①,只有从物质生活共同富裕和精神生活共同富裕的辩证关系的角度,才能确实地实现物质生活和精神生活共同富裕。要实现精神生活的共同富裕,首先要重视物质生产,并在物质条件基本具备的条件下,适时推进精神生活共同富裕。党的二十大报告指出:"共同富裕是中国特色社会主义的本质要求,也是一个长期的历史过程。"②协调物质生产和精神生产,使得二者实现和谐互助的关系,充分发挥物质生产的基础性作用,同时充分发挥精神生产的价值引领作用,协同推进物质生活和精神生活共同富裕。

另一方面,精神生活共同富裕为物质生活共同富裕提供精神动力和智力支持。恩格斯指出:"政治、法、哲学、宗教、文学、艺术等等的发展是以经

---

① 马克思恩格斯文集(第2卷)[M].北京:人民出版社,2009:591.

② 习近平.高举中国特色社会主义伟大旗帜 为全面建设社会主义现代化国家而团结奋斗——在中国共产党第二十次全国代表大会上的报告[N].人民日报,2022-10-26.

济发展为基础的。但是,它们又都互相作用并对经济基础发生作用。"①精神生产活动虽然以物质生产活动为基础,但其一经产生便具有一定的独立性,尤其是作为精神生产成果的意识形态内容,对物质生产活动具有能动的影响。"精神生产源于社会生活,升华社会心理和个体心理,反过来又影响社会心理和个体心理,驾驭社会生活。"②精神生活源于物质生活,又反过来影响物质生活,对此,习近平总书记指出:"物质需求是第一位的,吃上饭是最主要的,所以说'民以食为天'。但是,这并不是说人民对精神文化生活的需求就是可有可无的,人类社会与动物界的最大区别就是人是有精神需求的,人民对精神文化生活的需求时时刻刻都存在。"③在现实生活中,引导广大人民群众学习和掌握高质量的精神文化成果,例如先进的科学文化知识、社会主义核心价值观、先进文化成果等,提高人民群众的精神境界和文化素养、丰富人民的精神文化生活,从而积极地促进社会经济发展,为社会建设提供精神保障和强大的智力支持。

二、以历史唯物主义引导社会心理的生成

社会心理是哲学、社会学、心理学等的重要研究内容,并蕴含在经济、政治、文化等人类社会的各个领域。因此,社会心理主要研究人类社会问题无法回避的重要方面。特别是当前,关于社会心理建设俨然成为我国社会治理的重要内容。研究社会心理相关问题对于科学理解和把握人类社会具有重要意义,基于唯物史观,人类社会任何社会现象的发生,都必然受到社会

① 马克思恩格斯文集(第10卷)[M].北京:人民出版社,2009:668.

② 孙承叔.真正的马克思——《资本论》三大手稿的当代意义[M].北京:人民出版社,2009:191.

③ 习近平谈治国理政(第二卷)[M].北京:外文出版社,2017:315.

中人内心活动的影响和干预。科学理解社会心理的生成,是理解社会心理的重要前提工作,对于研究我国社会问题具有重要意义。社会心理有其自身的生成条件和发展规律,社会心理的产生是多重因素相互作用的结果,而实践是社会心理生成及其性质的决定力量。本课题研究以历史唯物主义为视域,探讨社会心理的生成机制。

(一)社会心理的内涵

在唯物史观范畴中研究的社会心理与社会学、心理学范畴等有着明显的不同,唯物史观以宏观的视角,侧重于研究整个社会群体的心理而非个人的心理。虽然马克思和恩格斯没有直接论述过"社会心理",但马克思和恩格斯在其文本中论述了大量社会心理相关的问题,并多次使用"情感""情绪""需要""动机""要求""幻想""舆论"等术语来指代"社会心理"。最早使用"社会心理"概念的是俄国哲学家普列汉诺夫,他提出了著名的"五项因素公式",以社会心理作为连接生产力和社会意识的中介,由此"社会心理"正式成为唯物史观范畴内的一个专业术语。

1.社会心理是社会意识的重要构成部分

伴随着人类开始普遍结群生活,人类社会逐步形成,人类的个体意识逐步汇聚成社会意识。社会意识作为一个严密的系统,由不同层次的具体部分构成,而社会心理则是社会意识的一项重要组成部分。普列汉诺夫将社会意识划分为高层次的社会意识形式与低层次的社会心理两大层次。社会心理与社会意识形式的共同点在于,二者都隶属于人的精神范畴,都是人对社会存在的反映,但两者之间也存在着现实差异。

首先,社会心理与社会意识形式反映社会存在的深度有着不同程度。社会心理对社会存在的反映是较为浅显的,而社会意识形式对社会存在的反映更加系统、深刻,范围也更加宽泛。

其次,从认识论的角度来讲,社会心理是人的感性认识,而社会意识形式是人的理性认识。具体来讲,社会心理是人初级的、感性的认识阶段,是人对于客观环境及各类社会现象等非系统的直观反映。而社会意识形式是在基于社会心理的基础上,经过社会中思想家们的加工改造后,才在人类社会中形成的系统的、理论化、概括性的理性认识,因此社会意识形式是人对于社会存在的间接反映,是高层次的社会意识。

最后,两者形成方式也具有显著不同,社会心理是人们在日常生活和社会交往中自发形成的,而社会意识形式是人们有目的地进行的理论层面的提炼。

从社会心理与社会意识形式二者之间的关系来看,社会心理与社会意识形式具有着密切的联系,社会心理与社会意识形式之间的相互作用带动了社会意识的进一步发展。恩格斯指出:"任何意识形态一经产生,就同现有的观念材料相结合而发展起来,并对这些材料作进一步的加工。"①具体来讲,社会心理是社会意识形式的直接来源,是社会意识形式生成的前提基础和产生起点,没有社会心理,就无法进一步形成社会意识形式。社会心理是社会意识形式产生的一个重要环节,是人认知过程的一个重要阶段。反之,社会意识形式是社会心理进一步发展的结果,社会心理经过具体的思想加工和理论上的提炼升华后,进而形成更高级的社会意识形式。由社会心理发展到社会意识形式,就是一个事物由低级到高级的发展过程。

2.社会心理是社会存在与社会意识相互作用的中介

在唯物史观视域中,社会存在与社会意识二者之间的关系在于社会存在决定社会意识,社会意识反作用于社会存在,而社会心理正是理解社会存在与社会意识如何相互作用的关键。作为中介的社会心理既是社会存在的

---

① 马克思恩格斯选集(第4卷)[M].北京:人民出版社,2012:261.

直观反映,也是社会意识的重要构成部分。普列汉诺夫立足于社会存在与社会意识的关系问题,并提出了著名的"五项因素公式",即生产力、经济关系、社会政治制度、人的心理及思想体系。根据普列汉诺夫的观点,生产力、经济关系及社会政治制度要想对思想体系产生作用,则必须经过社会心理这个中间环节。社会心理既是社会意识生成的最初起点,也是社会意识反作用于社会存在的最初起点。

社会心理之所以能充当社会存在与社会意识相互作用的中介的原因依然可归结于实践,隶属于客观世界的社会存在与隶属于主观世界的社会意识必须通过社会中人的实践活动才能取得联系,而人在具体的实践活动中必然受到自身心理活动的支配与干预。一方面,社会存在决定社会意识,而包含社会心理在内的社会意识正是在人实践的基础上产生的。另一方面,社会意识要对社会存在起到能动的反作用,也必须要通过实践来作为具体方式,只有通过实践,才能将人们思想中的东西转变为现实的存在。与此同时,将社会心理看作是社会存在与社会意识的中介,也是打破对历史唯物主义误解的一种强有力的方式。历史唯物主义本是正确认识和把握社会历史的科学理论,但众多学者将其视为"经济决定论",将历史唯物主义错误地看作机械论和决定论。而将社会心理作为生产力与社会意识的连接环节,既维护了经济发展对于人类及人类社会的重要地位,也表明了经济发展要产生作用时,人的经验、创造性、感性因素等也是必不可少的条件。总之,将社会心理看作社会存在与社会意识的中介,进一步补充说明了社会中的经济因素如何对思想体系起到决定性作用。

3.社会心理是人所特有的精神现象

社会心理是基于一定历史时期,社会成员对现实生活和实践等没有经过深层思想加工的直观反映,并在社会中普遍流行开来的一种精神状态。社会心理具有属人性,是人所特有的精神现象,"人们是自己的观念、思想等等的生产者"①。人作为社会性的存在,人的本质是社会关系的总和,人在进行社会交往过程中往往容易形成共同的情感倾向,进而导致社会心理的形成与发展。

与此同时,社会心理也在人实现自由而全面发展的进程中起到重要作用。马克思和恩格斯毕生都致力于实现人自由而全面的发展,具体来讲,自由指代人在发展的过程中是自觉、自愿的,而非被迫地发展。全面则与片面相对应,指人在发展中多方面的能力得到普遍提高。而无论自由的发展还是全面的发展,都包含着人心理活动的精神因素,想要实现人自由而全面的发展,无法脱离社会心理的建设,社会心理俨然已经成为考量社会中个体发展程度的重要因素。社会心理既是人实践活动的产物,也在人的生存发展中起到至关重要的作用,彰显了人的本质力量,影响着人自由而全面发展的进程。与此同时,人作为实践的主体,伴随着社会中人实践能力的提高、社会分工的出现和在社会中划分出不同阶级等客观条件的出现,人在意识层面的能力不断完善,社会心理也具有了更丰富的形式和具体内容。

(二)社会心理的生成机制

要想全面掌握社会心理,只明确社会心理的内涵是远远不够的。明确社会心理如何产生是研究社会心理的基础性问题,只有正确探究社会心理的生成机制,才能对社会心理产生科学、全面的理解,进而才能更好地发挥出社会心理在人类社会中的作用。立足于唯物史观,将社会心理的生成归结于人类实践活动,才能正确理解社会心理的产生。具体来讲,社会心理是人实践的产物,人类在具体的社会实践过程中所形成的经济、政治、文化等因素相互作用,共同影响着社会心理的生成和发展。

---

① 马克思恩格斯全集(第3卷)[M].北京:人民出版社,1960:29.

1.社会心理的生成是人类实践的必然结果

社会心理的产生并不是纯粹的偶然现象,其形成于人类的现实生活之中,是人实践活动的必然结果和产物。社会心理既无法脱离人类本身独自存在,也不能脱离人类实践活动去单独理解。社会心理所包含的各个构成部分都是在人们的具体实践中所形成的,这也意味着社会心理的生成和发展都是被人类社会实践所决定的。

社会心理作为一个由多重要素构成的完整体系,各构成要素之间的关系是层层递进的。在这其中,感觉是人在实践中对于客观世界的最初反映,由于各主体自身存在现实差异,依据自身的价值判断在感觉的基础上又会形成不同的情绪态度。而在长时间的社会实践中,共同地域、共同民族等又会形成特定的风俗、习惯等。社会心理的各组成部分之间具有不同的特点,例如动机、感情、愿望等形成过程较短,其本身具有不稳定性和易变性;而风俗、习惯、审美等经过长时间的积淀而形成,具有一定的稳定性,一旦生成便会在人类社会中流传下来,对后世也会造成一定程度的影响。但需要注意的是,这里的稳定性并不是指社会心理作为一种既定精神状态一成不变,其发展以人实践能力的发展为基础,伴随人类实践能力的发展而不断演变,并依托时代背景的变化而调整自身的具体内容。"人们的观念、观点和概念,一句话,人们的意识,随着人们的生活条件、人们的社会关系、人们的社会存在的改变而改变。"①但是在社会心理的范畴中,各项组成要素最根本的共同点在于他们都是在人的实践活动中生成的。无论是较低层次的感觉、知觉等,还是进一步发展而形成的情绪、风俗、习惯、道德、审美,尽管它们在内容上和特点上具有差异性,但是它们最根本的形成原因都在于实践,都是人们在具体的社会实践过程中对客观世界及各类社会现象在头脑中作出的自发性

① 马克思恩格斯选集(第1卷)[M].北京:人民出版社,2012:419—420.

的反映。总之,社会心理生成于人的实践,社会心理作为人实践活动的必然产物,其自身性质也自然被人的实践方式所决定。

2.社会实践中影响社会心理生成的具体因素

社会心理的形成源于人的实践活动,从实践的客体来看,人类社会实践包含着物质生活资料生产的实践、建立社会关系的实践、从事精神文化活动的实践等多种形式。因此,社会心理的生成必然受到人在各种实践类型中形成的经济、政治、文化等因素的影响和制约。同时,影响社会心理生成的各要素之间是相互作用、相互影响的。

首先,社会经济因素对社会心理生成的影响。社会心理的生成受到物质资料生产方式、物质利益等多重社会经济因素的影响,社会心理是当前社会经济状况的现实体现。一方面,社会心理的生成受到社会生产方式的影响。马克思明确指出,"物质生活的生产方式制约着整个社会生活、政治生活和精神生活的过程"①,而社会心理正是隶属于人的精神生活范畴,必然受到生产方式的制约。不同的生产方式也造就了社会心理具有不同的特点和具体内容,社会心理之间的差异是在现实生产关系和分配关系的差异中孕育出来的。生产力和生产关系的每一次进步发展,都会导致社会成员的心理发生变化。在一般情况下,社会生产力越发达、生产关系越合理,则社会范围内的物质资料越丰富,便越容易为社会心理的生成及进一步发展提供良好的现实物质基础,社会心理也随着人类社会中经济基础的变化而发生变化。因此,社会心理从历史整体发展视角来看,必然呈现为大体上升进步的趋势,社会心理的演变也彰显着社会中生产方式和分配方式的变化。另一方面,物质利益也影响和制约着社会心理和人类行为。物质利益包含着个人利益和集体利益,物质利益是人类赖以生存的基础,也是人类开展生产

---

① 马克思恩格斯文集(第2卷)[M].北京:人民出版社,2009:591.

实践活动的重要动因。物质利益同样对社会心理的生成及发展起到重要的影响作用,物质利益彰显了人为满足自身生存和发展的需要,及对物质生活资料的追求,"人们首先必须吃、喝、住、穿,然后才能从事政治、科学、艺术、宗教等等"①。而人在追求物质生活资料的具体实践过程中,随着自身条件的不断变化,也必然引起心理层面的不断变化。

其次,社会政治因素对社会心理生成的影响。普列汉诺夫曾明确表述,某一经济结构所产生的法权的和政治的关系,对于社会人类的全部心理有着决定的影响,而这里所提及的"人类的全部心理"也必然包含着社会心理。普列汉诺夫除了正确认识到生产关系对社会心理生成的作用外,也同样看到了社会中政治因素、阶级斗争对社会心理生成和发展的影响,阶级斗争愈是尖锐,对于斗争中的各阶级的心理影响也愈是强烈。根据普列汉诺夫的表述,阶级斗争造就了社会心理在不同阶级中产生了明显的划分,社会心理也因此具有阶级性。除此之外,一个国家政策制度的推行、与他国之间关系的变化、国际地位的转变等因素都会对社会心理的生成和发展产生深远的影响。

最后,社会文化因素对社会心理生成的影响。文化是一个国家、一个民族的精神象征。每当一种文化生成之后,便会起到塑造个人、引领社会发展的作用,作为人类精神层面的社会心理与文化之间的联系尤为密切。社会心理范畴中的日常习惯和风俗等本身就是文化的重要组成部分,因此社会心理的生成必然受到历史上的以及当前的社会文化影响。文化观念的多样性造就了不同地域、不同民族之间具有不同的思维、行为和风俗,也就造就了不同的社会心理。具体来讲,文化影响着人的思维模式和行为模式,进而导致生活在不同文化背景下的人们可能会对同一事物、行为、现象等产生不

---

① 马克思恩格斯文集(第3卷)[M].北京:人民出版社,2009:601.

同的理解,由此便会生成不同的心理认知。社会心理与文化都产生于人的社会实践过程中,社会心理以文化作为自身内核,文化则是社会心理的外在表现。社会心理作为一种心理现象的同时,其本身也是一种文化现象,一定时期的社会心理既是经济、政治的现实体现,也折射出文化状况。与此同时,既然社会心理与文化之间的关系是相互构建的,那么社会心理的发展也必然带动文化的发展。

(三)以历史唯物主义为视域探究社会心理生成的意义

以历史唯物主义为视域探究社会心理的生成机制具有重要意义。在理论意义上,有利于科学阐述社会心理的生成机制。在现实意义上,有利于区分社会心理的优劣,在全社会范围内建立健康和谐的社会心理,从而推动社会心理的进一步发展。

1.有利于科学阐述社会心理的生成机制

社会心理作为唯物史观的重要范畴,长期以来在理论界并没有受到应有的重视。其中一个重要原因就在于在社会心理生成方面受到各种错误观点的影响,而以历史唯物主义为视域,有利于正确阐述社会心理的生成机制。有关社会心理方面的相关问题一直备受哲学家们关注,早在普列汉诺夫之前就有众多哲学家探讨过社会心理方面的问题。黑格尔曾阐述时代精神,在时代精神与哲学二者的关系上,黑格尔认为"哲学是对时代精神的实质的思维",并将时代精神作为意识形态的根源。黑格尔的哲学体系以"绝对观念"为基础,并将"时代精神"作为"绝对观念"的一种具体表现形式。究其本质,黑格尔关于社会心理问题的论述,依然立足于客观唯心主义。孟德斯鸠在《论法的精神》中提出了"民族一般精神",孟德斯鸠以纯粹的地理环境因素来分析民族精神的生成,虽然孟德斯鸠的这一观点立足于唯物主义,较之唯心主义观点具有一定的进步性,但是他过分夸大地理环境对"民族一般精神"生成的作用,将空间位置、气候等地理环境视为影响人类社会发展的决定性因素,并且忽视了人作为主体在地理和环境中的能动作用。不可否认,自然环境对社会心理生成的影响是现实存在的,在现实生活中,不同地域的人们在习惯、审美、风俗等诸多社会心理范畴都存在着客观差异。现实生活中的人作为自然的产物,人社会心理的生成必然具备人所处自然环境的印记。由于不同国家、地区不同民族生存的自然环境不同,也由此导致社会心理朝着多样化的趋势发展,其原因在于人在生产、交往等实践活动中受到自然环境的限制,因此社会心理的生成也必然在一定程度上受到自然环境的影响。但需要注意的是,自然环境对社会心理生成的影响并不是决定性的,否则将会陷入"自然环境决定论"的误区。

无论是黑格尔的唯心主义观点,还是孟德斯鸠的"环境决定论",其本质都是对于社会心理生成的片面解读,都没有正确认识到实践之于社会心理生成的决定性意义。科学的实践观是马克思主义哲学区别于以往全部哲学的重要标志,在理解人类社会问题时,无论是物质层面范畴还是精神层面范畴,都要从实践的角度出发来理解。社会心理是唯物史观的重要范畴,在马克思主义哲学中具有着重要地位,在探讨社会心理如何生成的问题上,要想正确理解社会心理的生成机制,仍要立足于唯物史观,将其生成归结于人类的实践活动。

2.有利于正确区分社会心理优劣

在探讨区分社会心理优劣问题时,必须首先明确社会心理是多元化的,社会心理来源于实践,由人类实践所决定,受社会生产方式、分配方式、政治因素、文化因素等条件的制约,而由于这些决定因素的不同,必然导致社会心理是多元化的。在人类历史中不同时期社会心理具有不同内容和性质,在同一时期,不同地域、不同民族、不同阶级的社会心理也具有现实差异,由此社会心理也就存在着优劣之分。以唯物史观为视域探讨社会心理的生成,有利于正确树立合理的价值评判标准,而正确区分社会心理的优劣则是促进良性社会心理发展的重要前提。

在唯物史观的视域下,想要考察社会心理的优劣,就必须将社会心理置于社会历史之中。从社会心理的生成及社会心理在社会存在与社会意识间的中介作用来看,判断社会心理是否合理的标准就在于当时的社会心理是否与经济基础相适应,是否能够促进生产力的发展。在人类社会中,物质层面的发展状况决定了精神层面的发展状况,但两者之间的发展并非完全同步的。人类精神层面的发展也并非消极地、机械地从属于物质层面的发展。精神层面的发展有其自身的发展规律和发展道路,而两者的不同步性也为精神层面能动地反作用于物质层面发展提供了空间。正如恩格斯指出的,"经济上落后的国家在哲学上仍然能够演奏第一小提琴"①,隶属于人类精神范畴的社会心理亦是如此。当社会心理适应当时社会的经济基础,能够带动生产力的进一步发展时,社会心理就会发挥出积极的作用,进而促进社会整体的发展进步。反之,社会心理不适应当时社会经济基础,阻碍社会生产力的进一步发展,阻碍社会的发展时,那么此时的社会心理就是不合理的。也就是说,只有当社会心理合乎历史必然性的时候,此时的社会心理才是合理的。

3.有利于形成健康和谐的社会心理

在当前时代背景下,正确认识社会心理的生成,进而研究社会心理相关问题,对于人与自然、人与社会及人与人之间关系的发展具有重要意义。随着我国经济的持续稳定发展,人们在物质层面的需要不断得以满足。在此现实背景下,研究人们精神层面的相关问题,进而满足人的精神需要被置于更加重要的地位。在这其中,培育健康社会心态、加强社会心理建设俨然成

---

① 马克思恩格斯文集(第10卷)[M].北京:人民出版社,2009:599.

为加强精神文明建设及社会治理工作的重要方面。党的十九大报告指出：
"加强社会心理服务体系建设,培育自尊自信、理性平和、积极向上的社会心态。"①正确认识社会心理的生成,事关建设社会心理服务体系的水平。以历史唯物主义为视域,将社会心理的生成归结于实践,为我国开展社会心理相关问题研究,加强社会心理服务体系建设提供了理论基础。我国是一个多民族国家,且人口众多、幅员辽阔。这为我国社会心理多元化发展提供了良好的外部条件。不同地域、不同民族之间的社会心理既有中华民族的共性,同时又具备自身的鲜明特性。因此,要在全社会范围内建立健康和谐的社会心理就要在充分尊重差异的基础上,推动各地域、各民族的社会心理交流融合发展,增强民族凝聚力,形成安定和谐的整体局面。

要形成健康和谐的社会心理,具体来讲,一方面要坚持发展生产力,为社会心理建设提供坚实的物质保障。社会心理应当适应人们的物质生活,并随物质生活的变化而改变。社会的物质基础是社会范围内一切社会意识生成和发展的基础,从社会心理的生成来看,在唯物史观视域下,社会心理来源于人们的现实物质生活,生成于人类实践活动,社会心理在形式上是主观的心理活动,但其具体内容仍具有客观性。人类社会实践能力的差异也导致了社会心理的差异。因此,要建立健康和谐的社会心理,促进社会心理的不断发展进步,就必须从源头上坚持发展生产力,坚持科学的生产方式与分配方式。另一方面,要做好新时代意识形态工作,规范社会心理的发展。中国特色社会主义迈入新时代,要有针对性地把握不同社会心理的特征,有针对性地开展教育和宣传方式,以社会主义核心价值观为引领,依托多种教育形式,促进科学、合理的社会心理生成与发展,进一步提高社会凝聚力和向心力,为社会发展提供强大的精神力量。

---

① 习近平.决胜全面建成小康社会 夺取新时代中国特色社会主义伟大胜利——在中国共产党第十九次全国代表大会上的报告[M].北京:人民出版社,2017:49.

参考文献

一、著作类

[1]马克思恩格斯全集(第2卷)[M].北京:人民出版社,1957.

[2]马克思恩格斯全集(第3卷)[M].北京:人民出版社,1960.

[3]马克思恩格斯全集(第4卷)[M].北京:人民出版社,1958.

[4]马克思恩格斯全集(第6卷)[M].北京:人民出版社,1961.

[5]马克思恩格斯全集(第12卷)[M].北京:人民出版社,1962.

[6]马克思恩格斯全集(第19卷)[M].北京:人民出版社,1963.

[7]马克思恩格斯全集(第20卷)[M].北京:人民出版社,1971.

[8]马克思恩格斯全集(第23卷)[M].北京:人民出版社,1972.

[9]马克思恩格斯全集(第25卷)[M].北京:人民出版社,1974.

[10]马克思恩格斯全集(第30卷)[M].北京:人民出版社,1975.

[11]马克思恩格斯全集(第31卷)[M].北京:人民出版社,1972.

[12]马克思恩格斯全集(第32卷)[M].北京:人民出版社,1974.

[13]马克思恩格斯选集(第1—4卷)[M].北京:人民出版社,2012.

[14]马克思恩格斯文集(第1—10卷)[M].北京:人民出版社,2009.

[15]马克思,恩格斯.共产党宣言[M].北京:人民出版社,2018.

[16]马克思.1844年经济学哲学手稿[M].北京:人民出版社,2000.

[17]恩格斯.社会主义从空想到科学的发展[M].北京:人民出版社,2018.

[18]恩格斯.自然辩证法[M].北京:人民出版社,2018.

[19]习近平.决胜全面建成小康社会 夺取新时代中国特色社会主义伟大胜利——在中国共产党第十九次全国代表大会上的报告[M].北京:人民出版社,2017.

[20]习近平.习近平谈治国理政(第一卷)[M].北京:外文出版社,2018.

[21]习近平.习近平谈治国理政(第二卷)[M].北京:外文出版社,2017.

[22]习近平.论党的宣传思想工作[M].北京:中央文献出版社,2020.

[23][德]彼得·毕尔格.主体的退隐[M].陈良梅,夏清,译.南京:南京大学出版社,2004.

[24][美]道格拉斯·凯尔纳,斯蒂文·贝斯特.后现代理论——批判性的质疑[M].张志斌,译.北京:中央编译出版社,2011.

[25][美]黑格尔.法哲学原理[M].范扬,张企泰,译.北京:商务印书馆,1961.

[26]贺来."主体性"的当代哲学视域[M].北京:北京师范大学出版社,2013.

[27]罗骞.论马克思的现代性批判及其当代意义[M].上海:上海人民出版社,2007.

[28][英]以赛亚·伯林.卡尔·马克思:生平与环境[M].李寅,译.北京:译林出版社,2018.

二、文章类

[1]中共中央关于党的百年奋斗重大成就和历史经验的决议[N].人民日报,2021-11-17.

[2]习近平.高举中国特色社会主义伟大旗帜 为全面建设社会主义现代化国家而团结奋斗——在中国共产党第二十次全国代表大会上的报告[N].人民日报,2022-10-26.

[3]习近平.扎实推动共同富裕[J].求是,2021(20).

[4]冯留建,王子环.精神生活共同富裕:理论渊源、历史演进和实践路径[J].思想教育研究,2024(11).

[5]龚群.捍卫消极自由——论伯林的自由观[J].江西社会科学,2014,34(08).

[6]贺来.超越"一"与"多"关系的难局 —— 一种实践哲学的解决方案[J].中国人民大学学报,2015,29(05).

[7]贺来,白刚."抽象对人统治"的破除与马克思的现代性批判[J].马克思主义哲学研究,2009(00).

[8]刘森林.反讽、主体与内在性——兼论马克思哲学中的反讽维度[J].现代哲学,2006(05).

[9]刘志洪.马克思资本权力批判思想及其意义[J].吉林大学社会科学学报,2022,62(02).

[10]缪燚晶.国家、资本与革命:马克思权力观的关键话语[J].理论导刊,2022(04).

[11]冉昊.生态危机与生态治理:基于中西制度差异的比较分析[J].广西师范大学学报(哲学社会科学版),2020,56(06).

[12]燕连福.习近平关于精神生活共同富裕重要论述的生成逻辑、核心

要义和实践路径[J].思想战线,2022,48(05).

[13]张梧.思想史路径的意义与限度——伯林《马克思传》的批判性解读[J].理论视野,2018(04).

[14]张雄.现代性后果:从主体性哲学到主体性资本[J].哲学研究,2006(10).

[15]赵汀阳.被自由误导的自由[J].世界哲学,2008(06).

[16]赵艳.共产主义价值观话语权的理论建构与生成实践[J].华南理工大学学报(社会科学版),2023,25(04).